POSTURAL ASSESSMENT

体态评估操作指南

〔英〕简·约翰逊 编著
陈方灿 江旻妍 译
林永佳 审校

天津出版传媒集团
天津科技翻译出版有限公司

著作权合同登记号:02-2015-250

图书在版编目(CIP)数据

体态评估操作指南 / (英) 简·约翰逊(Jane Johnson)编著;陈方灿,江昊妍译. —天津:天津科技翻译出版有限公司,2017.8

书名原文:Postural Assessment

ISBN 978-7-5433-3664-3

Ⅰ.体… Ⅱ.①简… ②陈… ③江… Ⅲ.①身体形态-评估-指南 Ⅳ.①G804.4-62

中国版本图书馆 CIP 数据核字(2016)第 312236 号

授权单位:Human Kinetics
出　　版:天津科技翻译出版有限公司
出 版 人:刘 庆
地　　址:天津市南开区白堤路 244 号
邮政编码:300192
电　　话:(022)87894896
传　　真:(022)87895650
网　　址:www.tsttpc.com
印　　刷:北京博海升彩色印刷有限公司
发　　行:全国新华书店
版本记录:710×1000　16 开本　11 印张　200 千字
2017 年 8 月第 1 版　2017 年 8 月第 1 次印刷
定价:55.00 元

(如发现印装问题,可与出版社调换)

致 辞

我谨将这本书献给两类人群。首先，这本书献给那些参加过我的体态评估课程的成百上千的康复工作者，谢谢你们只穿着内衣给我做模特，让我们大家能够了解更多有关体态的知识，以及人与人之间身体上的各种相似和差异。同样感谢你们提出各种问题，使我一直如履薄冰，在这一行孜孜不倦地坚持了这么多年。其次，这本书要献给那些体态评估的新手，对于你们我有两点建议：放手开始，并且勇于质疑。

译者简介

陈方灿 博士

陈博士体能康复工作室总裁

著名美籍运动康复师，美国、中国香港注册物理治疗师。获得美国德州基督教大学人体运动科学硕士、俄勒冈大学运动医学与运动生物力学博士、德州女子大学康复专业硕士等学历，并获得美国国家健康研究院老年康复研究博士后。曾经担任美国纽约大学康复系教授和香港理工大学康复系教授。

作为中国运动体能康复领域的旗帜人物，连续参加两届冬季奥运会和四届夏季奥运会的国家队运动员保障工作，曾为姚明、王濛、张宁、郑洁、李小鹏、邹市明、张琳、孙悦、朱芳雨等著名运动员提供有针对性的体能康复。

为陈博士体能康复工作室和培训学院创办人。在中国和美国积极传播具有中西结合、体医结合的特色的运动体能康复体系和方法。为国家体育总局先后编写了 19 本针对运动员运动康复的专业图书，涉及足球、篮球、乒乓球、羽毛球、田径等各个领域。此外，还编写出版了《中国青少年游泳训练大纲》《实用运动拉伸手册》《国民体质健康科技指导手册》《中国国家短道速滑队体能康复实用图解手册》，主译完成《美国体能协会私人教练》《拉伸治疗操作指南》等图书。

陈博士体能康复工作室 总裁助理

江昊妍

复旦大学本科毕业，在中学期间考取了中级口译资格证书，大学期间考取了高级口译资格证书，至今有长达10年的英语翻译经验。此后，前往英国著名拉夫堡大学攻读了体育管理硕士学位，拉夫堡大学在2017年度QS世界大学排名体育专业类排名第一。

回国后加入陈方灿博士的团队，担任总裁助理的工作，先后参与了扬州李宁体育公园体能康复中心、首体东方灿体能康复培训课程等项目。并有幸与许多运动康复领域的专家学者一起，参与到由陈博士主持的其他4本图书的翻译或编辑工作中，其中包括由科教司发起的《体能康复工具书》(暂定名)等。

作者简介

简·约翰逊

简·约翰逊(Jane Johnson),科学硕士学位,英国伦敦按摩公司(London Massage Company)负责人。作为注册物理治疗师和运动手法治疗师,她已从事体态评估多年。

简·约翰逊多年为治疗师联合会(FHT)和专业持续发展研讨会(CPD)针对体态评估授课。这段经历使她接触了许多机构成千上万的治疗师,并且帮助她形成了自己的工作模式。此外,她也是每年英国按摩学术博览会(CAM)的常驻演讲者。

简·约翰逊是解剖科学院成员,并且是卫生专业委员会的注册成员。她对于肌肉骨骼解剖学知识、如何更好地教授新晋的治疗师,以及情绪和体态之间的关系等方面都很感兴趣。

简·约翰逊现居伦敦,喜欢在闲暇时间带着狗去散步、练习咏春拳或参观博物馆等。

译者前言

当出版社的刘子媛老师拿这本《体态评估操作指南》的英文版找到我，问我是否愿意翻译这本书时，我一下子就被这本书吸引住了。在我美国、中国从事多年的体能康复评估中，体态评估是一个重要的组成部分。我正准备自己编写一本类似的操作指南，没想到就碰到这现成的书摆在眼前，而且书的内容和操作方法与我在临床用的高度一致。所以我就答应了刘老师去翻译这本书。

体态评估在医疗和健康服务行业中的应用很广泛，是“望诊”的一门基本功。一个有经验的医务人员在体态评估中可以透过现象(外表)看本质(内在病机)，帮助我们收集客观的身体状况资料，有助于进一步探明病位、病因、病理。并且能够把人从整体来分析身体各部位之间的关系，减少漏诊的可能性，提高健康服务的效率。

这本书是一个实用的操作指南，简单易懂，思路清晰，操作程序可操作性强。无论是对于医生、康复师、按摩师、中医师、私人教练或其他相关专业人士，这都是一本实用的行动指南。然而，这本书只是提供一个操作方法和思路，具体的临床判断还需要与医生密切配合确诊。这需要超出这本书的知识范围。在这个意义上，这本书是一个体态评估的基础入门参考书，需要读者在工作中融入其他相关的学科知识和技能，来达到各自的评估目标。

在此就这本书稿最后翻译完成，要感谢出版社的耐心。为了准确地译出这样的一本专业书，需要译者对英文和专业知识的双重要求。在这过程中感谢我的团队成员的协作，不计其烦地反复翻译和校对。但由于时间上比较仓促，相信还有些译得不够好的地方，敬请读者指正。

最后，祝愿广大读者能从这本书上汲取营养，运用到自己的工作中去，为健康和医疗服务工作增加或完善体态评估的内容。

 博士

2017 年 5 月 2 日于北京

前 言

无论你是学生，还是物理治疗、整骨、整脊、运动按摩、运动治疗等相关操作人员，抑或是健身教练，瑜伽、普拉提老师等健康工作者，将体态评估作为你整体评估的一部分都很具有价值，因为体态评估能帮助你更好地确定你的客户目前是否存在肌肉或肌筋膜的不平衡，且这些不平衡是否可能导致疼痛或功能障碍。

对于绝大多数治疗师而言，评估体态是基础技能，但目前为止，有关这方面的资料还很少。因此本书希望能够提供一个全面且实际操作性强的指南，结合书中的小贴士，让你获得更为准确全面的观察评估。本书通过观察人在站姿和坐姿状态下不同身体部位之间的关系，进而了解这些关系是否是引起人体疼痛和不适的源头。比如这些关系是否会增加或减少关节的活动范围，从而影响关节的稳定性。而对于那些体态评估的新手们而言，可以将此书作为测试工具，学习评估时应观察什么，如何填写体态评估表，如何分析观察到的结果等内容。

本书分为两个部分，第一部分解释如何开展体态评估，并回答如下问题：为什么需要进行体态评估？哪些人需要进行体态评估？何时何地适合进行体态评估？体态评估的好处是什么？在引言中还包含了影响体态的因素、理想的体态、体态评估所需环境、所需设备、所需时间、如何记录和为什么要记录观察后的发现。而在后面的章节中需要使用骨骼线条图来做标记。

第二部分包含了体态评估的重点和细节，即从哪里开始以及需要观察些什么。本书是按照背面、侧面、正面和坐姿观察的顺序展开的：先是一张身体的部位图，附加如何观察和评估这个部位的说明，以及对于评估结果意义的分析。例如，“肩膀内旋”说明什么？它提示哪些肌肉变短、变紧，而哪些拉长、变弱？在书中“你的发现意味着什么”板块中会告诉你在不同体态之下体现的肌肉状态，使观察结果与实际客户本身相结合。

第二部分包含4个章节（第3~6章），笔者运用了诸如体态“可能意味着""提示",或"可能体现"等词语,这是因为我的理论是建立在传统肌肉动力学的假设之上的。作为一个临床操作者,我不可避免地会根据我的经验偏重某些假设。但建议读者了解一下这些理论,因为它们可以帮助你建立起自己的操作模式。凭我的经验,不同的手法治疗师对于客户的评估和治疗的处理方式都存在一定差异，因此你没必要完全同意我在那些章节中的看法。对此，本书在一些步骤提供了能够让你去验证这些理论的方法,因此我鼓励你去质疑,去挖掘观察结果所蕴含的更深层意义,并对其加以验证。例如,一个含胸、肩胛骨外前伸的人,可能代表其菱形肌较长较弱,或者其胸前肌肉较短。但要注意,本书只讨论你需要观察什么,而不是你需要针对观察结果去做什么。

将各方面理论内容编入这本书是一个很有趣的过程。例如,我的老师是一位坚持用传统肌肉骨骼解剖学和生理学原理来讨论体态问题的人,因此我在实际操作中也沿袭了他的原则。然而,我们始终需要关注且紧跟解剖学和生理学领域的知识发展，甚至去质疑传统意义上对于肌肉运作的设想,所以我鼓励大家积极去寻找各种新的信息,来验证自己在体态评估中的发现结果。例如，在"斜方肌的解剖结构和功能"("Anatomy and Action of the Trapezius Muscle", Johnson, Bogduk, Nowitzke, and House, 1994)文章中,开展了对于"斜方肌运动形式和传统描述中的误区"的研究(文章第44页)。而近代一系列关于腰肌的研究报告中,Thomas Myers (2001) 对于"腰肌是否是单纯的髋屈肌"以及"它是否有助于腰胸椎的旋转"这个问题提出了质疑。

附录中包含了一系列用于记录体态观察结果的表格，其中预留的空格,以方便你记录正面、侧面、背面的站姿或坐姿状态下可能观察到的结果。

本书中公式化的步骤及附带的小贴士能够让你以最快的速度掌握评估技术。每章节最后的重点问题板块,可供你检验自己的学习成果。与其他书相比不同的是，本书中的身体解剖图用的是更有利于说明解剖关系的线条图,而不是传统的照片。

作为治疗师，我们应该全面看待客户的问题，注意身体各部位的关联,并理解人体系统的内在联系。然而尝试快速消化吸收一种新技术的所有信息是很困难的，因此本书把与人体相关的评估过程分成多个易于学习的小部分，让你有足够时间去消化吸收。无论你现在的工作内容是什么,只要你的目的是在治疗后让人感觉身体舒服多了,那么你就会发现这本书的价值。

目录

体态评估入门

第 1 部分

你有体态评估相关的疑问吗？第一部分的两个章节将说明关于体态评估的基本概念。

第 1 章将会包括以下问题：什么是体态？什么因素影响了体态？而在讨论谁、出于什么原因、需要在何时、何地进行体态评估之前，我们将讨论一个具有争议性的话题，即是否存在一个完美的标准体态。

第 2 章提供了能帮助你准备第一次评估的信息。在本章你会了解到一次评估的大约时长，所需仪器，标准、完美体态的关键点，以及记录观察结果的小提示。两个章节的最后都有重点问题板块，可以供你测试你的掌握程度。

体态评估简介

第 1 章

欢迎进入体态评估的世界。让我们先从相关的常见问题入手。例如,我们所说的"体态"(posture)指的是什么?为什么你需要做体态评估?哪种类型的人群可能受益于体态评估?体态评估应该在何时、何地进行?做体态评估需要设备吗?本章将会回答这些问题,并研究那些影响体态的因素。如果你是这个领域的新手,建议先浏览一下本章最后的五个问题,这能帮助你提前了解本章重点。

体态是什么

让任何人做一个不良的姿势,我敢打赌十有八九会做出弯腰驼背的姿势,即肩膀下垂,肩胛骨前伸,驼背,胸椎过度弯曲。如果要求摆一个好的姿态,大多数人会采取军人的站立姿势,笔直站立,抬起下巴,双肩下沉,肩胛骨后挺。显而易见,对于大多数人而言,体态的定义是指全身的位置关系,是我们刻意或者自然摆放身体各肢体位置的方式。从艺术的角度来说,这是一种为实现审美效果而刻意摆出的造型或姿势。

良好的体态要求身体的各个部位保持在正确的位置上,而不良体态往往可能导致肌肉疼痛、关节活动障碍或是全身不适。在物理治疗、按摩疗法、正骨或是脊椎推拿等治疗方法的背景下,"体态"一词确切地说描述的是身体各个部位之间的关系,包括它们自然排列的位置,或者从解剖学角度看它们的位置是否契合。手法治疗师对于脊柱侧弯、膝外翻这类词很熟悉,这些词描述了一种先天的状态,或是由不良习惯导致的姿态,比如驼背与长期的蜷曲坐姿有很大关系。

当然,我们所呈现的体态可以为评估者提供很多蛛丝马迹,它不仅暴露我们身体的情况,比如或新或旧的外伤,或轻或重的病变等,还会透露我们对于自身的感觉,例如是否有自信,是否充满活力、富有激情,现在是感到放松还是紧张?有趣的是,我们通常在某种特定的情绪下会本能地做出相应的身体姿态。

观察十位感到自信、积极乐观的人,你会发现他们都站得笔直,挺胸抬头,并且

体态评估

下面有三个人的照片，一个人做过胸腔手术，一个有关节活动度过大的问题，还有一个髋外旋肌群紧张，你能分得出哪个对哪个吗？

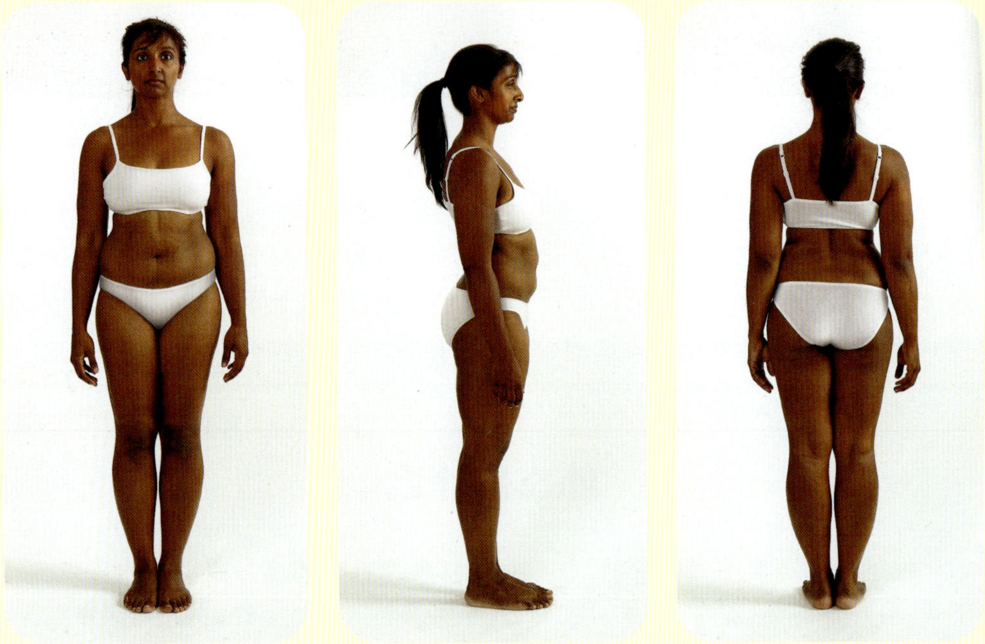

a

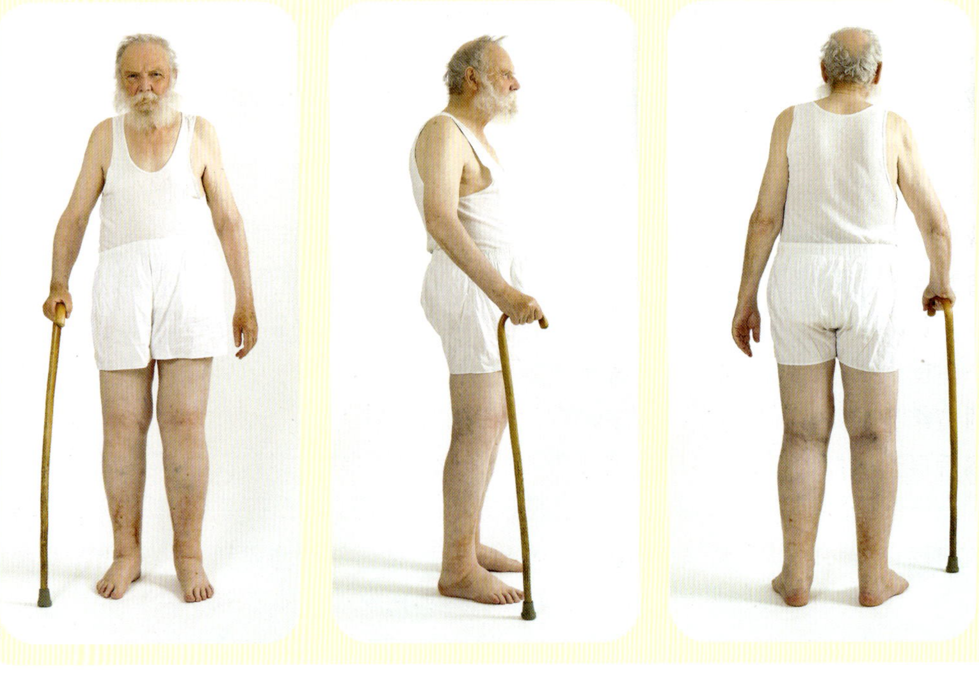

b

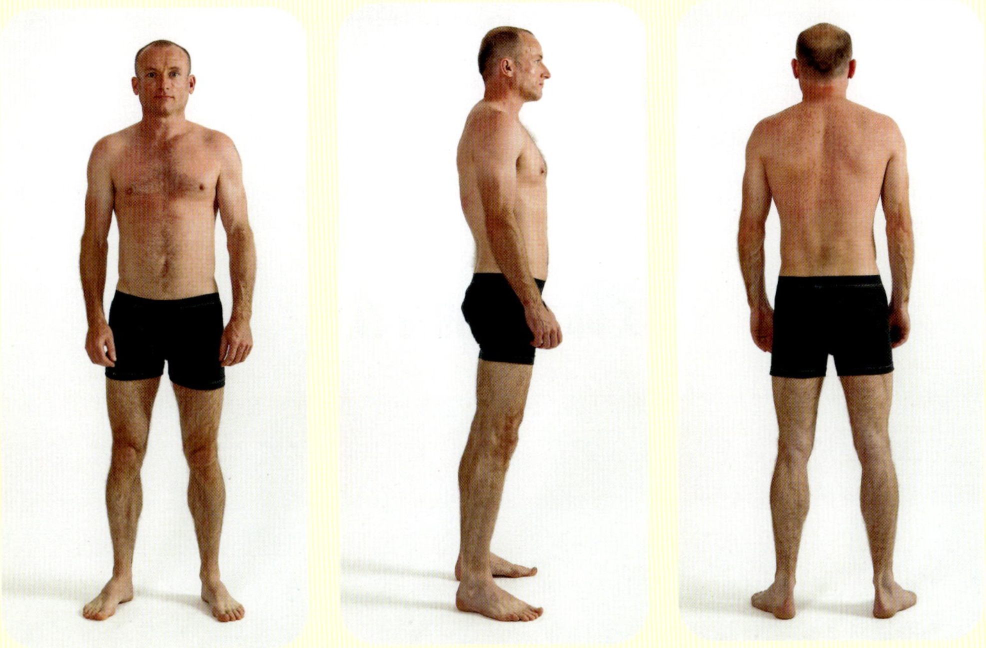

c

a.关节活动度过高;b.做过胸腔手术;c.髋外旋群紧张。

大多数人双脚采取宽站位,以便为自己提供一个较宽的支撑面。他们或是保持微笑,或是用其他表情体现他们的积极态度。与之相反,再观察十位感觉焦虑、低落和悲观的人,你可能会发现,他们会把重心移向一只脚,双脚站得较窄(稳定性不高),他们会弯腰驼背,选择低头看地板而不是抬头向前看。他们可能会一手摸着下巴,就好像我们平时在思考问题时的样子,也可能会一只手臂或者是双臂环在胸前,呈现一种自我保护的姿势。

如果你是一位老师,你可以在课堂上让学生们体会情绪与体态的关系。选择一个正面情绪和一个负面情绪,首先让你的学生去演绎非常担心(或害怕、焦虑、生气)的情绪,要注意所有的同学必须投入同一种情绪中,观察他们的动作和体态的变化。然后再让他们演绎收到一个非常好的消息时的情绪,同样观察他们的表现。要记住,好的情绪应放在第二个做,以防止学生在结束后仍然保持低落的情绪。此外,建议学生们都闭上眼睛进行测试,以防互相偷看相互模仿。你会很震惊地发现,绝大多数人在面对同一种情绪时身体的姿态表现方式竟然十分类似。

虽然本书的重点在于分析体态的变化,但我们也应该知道体态不光与身体各部位的排列组合有关，它与人的看不见的心理活动也有关系。

什么因素会影响体态

考虑哪些因素对体态会造成影响有助于你去辨别哪些因素应该由治疗师在治疗过程进行改善，哪些因素应该由客户自己处理。此外，有些影响体态的因素可能你和你的客户都无能为力。表 1.1 提供了会影响体态的部分因素。也许你能想到更多的因素？

完美体态真的存在吗

要找到这个问题的答案，你可能只需要花很短的时间去研究尸体样品，但是从解剖学意义上来说，每个人实际上都是不同的。我们可能都拥有两个肩胛骨，但是可能肩胛骨喙突的角度不同，肩峰的位置也不同，而脊椎的棘突也不是指向同一角度的。此外，我们中的一部分人可能一侧肢体的骨头比另一侧更长，或是手脚的大小与身体其他部位不成比例，更不用提软组织相关的差异性。这就很自然地解释了为什么对于不同人，通过身体矫正来保持正直的姿态的方式存在差异。因此完美的体态确实存在，但是这样的“完美”并不适合我们所有人。

传统意义上来讲，物理疗法、整骨或脊椎推拿疗法的学生，评估体态时都是通过将患者的体态与正直的骨架进行比较而得（见图 1.1）。通过从背面、侧面、正面观察客户身体各个部位如何有机组合，再与无性别的骨架的各部位结合状态做比较得出结果，毫无意外你会发现我们许多人的体态与标准骨架所展现的体态有很大的区别。

早期的一部关于体态评估的优秀作品《体态和伤痛》(*Posture and Pain*, Kendall, Kendall and Boynton, 1952)中提到，最理想的体态被认为是一种“标准体态”。作者认为这样的体态应该不是一个自然的体态，而是为了设定比较的基准而建立的。在起步阶段，为了达到理解体态的目的，用这些图像是一个很好的开始。但这个方式的一个巨大缺陷就是将身体的整体分成了几个部分。例如，一个治疗师可能发现客户的脖子与理想的体态相比存在很显著的前凸，进而得出结论认为问题出在脖子上。然而，我们需要从整体的角度去看待我们的客户和他们的身体，从而去发现那些导致或是影响他们问题的根本因素。客户感到疼痛、不舒服或功能受限的地方并不一定是病痛的源头，如果我们过分关注患处的局部问题，就有可能会忽视整体的问题。

举一个例子，某客人有显著的颈部前凸问题，但没有任何病史或者外伤，他的颈后肌肉可能变短变紧，但前侧肌肉却变长变松。所以你推测拉伸颈部伸肌将改善客

表 1.1　影响体态的因素

因素	例子
结构性或解剖学原因	■ 脊椎完全或局部侧弯 ■ 上肢或下肢骨头长度差异 ■ 肋骨增生 ■ 椎体增生 ■ 组织弹性增加、韧带韧性降低
年龄原因	人的体态随着年龄的改变会有很大变化，儿童在不同年龄段体态都有显著差异
生物学原因	■ 人在感到警觉或有活力时，比我们感到压抑和疲惫时体态的改变时间更短且程度更小 ■ 疼痛或者不适也会影响体态，因为我们会采取减轻疼痛的姿势，这可能会暂时影响我们的体态。但如果一直保持，也可能会造成长期的体态改变 ■ 由怀孕带来的生理变化是暂时的（例如产前或产后的背部疼痛问题），但是有时也会造成永久性的体态改变
病理学原因	■ 疾病对于体态的影响在涉及骨头和关节时尤为明显。软骨病可能导致膝内翻，四肢的关节变化很明显时常常预示着关节炎问题 ■ 疼痛常常会伴随体态的调整，因为我们倾向采取缓解疼痛的姿势（例如，颈椎损伤的患者可能会保护性地耸肩，腹痛的患者可能会弯腰）。 ■ 骨折治疗过程中对位不良可能会导致骨骼结构的改变 ■ 一些情况可能会导致肌肉张力改变。例如，中风患者的一侧肢体肌肉张力上升，而另一侧张力下降 ■ 年长者可能因为骨质疏松变矮，由此会形成弯腰驼背的体态，绝经后的妇女会倾向驼背症
职业原因	考虑体力劳动者与办公室工作者，或是经常活动的和喜欢坐着不动的人的体态差异
娱乐原因	考虑喜欢球类运动和骑行爱好者的体态差异
环境原因	人们在感到寒冷和感到温暖时的体态是不同的
社会文化原因	常常翘二郎腿或者蹲坐的人，与一个常常坐在椅子上的人的体态是不同的
情绪原因	■ 通常我们针对于一种情绪反应出的体态是暂时的，但是如果情绪的状态时常发生，那可能会形成习惯性体态。考虑下一个正在懊悔的人和一个生气的人的肌肉紧张程度差异 ■ 害怕疼痛的客户可能会采取自我保护的体态

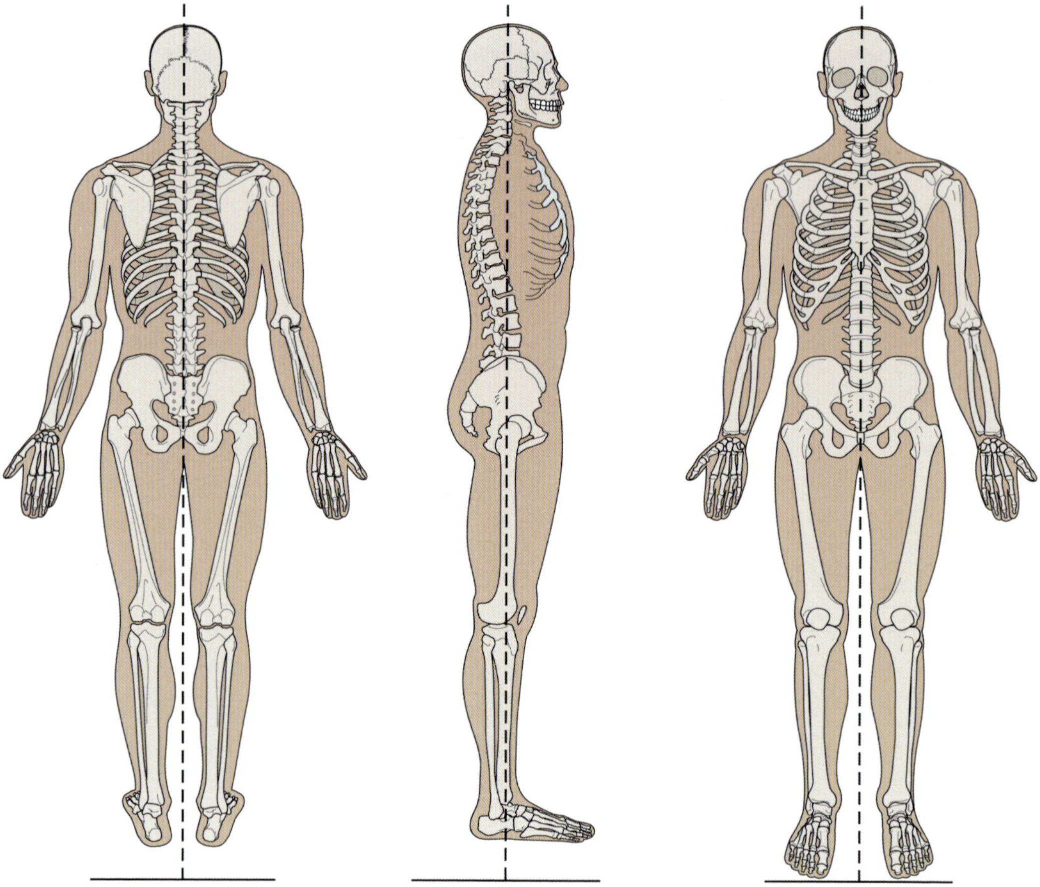

图 1.1　传统认为的完美体态形象：a.后面；b.侧面；c.前面。

户的头部位置。但很有可能，如果身体的其他相关部位的不平衡没有事先改善，脖子的问题将无法解决。明显的颈椎变直时常伴随有胸椎后凸，为了代偿，颈椎不得不增加前凸的角度，否则眼睛只能看着地板。所以如果胸椎后凸的情况没有得到矫正，无论矫正体态的治疗如何进行，颈部前凸的问题将很有可能持续下去。

近些年来，随着对于筋膜和它们是如何连接我们身体的各个部位的认识的增加，在我们观察体态的时候，不仅仅需要关注身体部位，或者骨头之间的线性连接，也应该考虑筋膜之间的关系。肌筋膜放松的提倡者声称身体一端的不平衡会影响身体另一端的结构，因为筋膜不能简单地被看成是一个局部区域的问题。如果您对筋膜与体态评估、体态修正感兴趣，我推荐这两本书：《结构平衡的筋膜放松》(*Fascial Release for Structural Balance*, Earls and Myers, 2010)和《筋膜的本源》(*The Nature of Fascia*, Schleip, 2008)。

毫无疑问,在体态评估过程中加强对于筋膜的认识有助于你成为一个更好的评估者,因为我们全身被筋膜包覆着,它连着全身各部位。此外,已经将身体各个部位的筋膜紧张问题了解透彻的读者们,我希望你们能谅解我使用传统的区域划分方式讲问题。因为,如果不是这样我们就无法着手开始行动了。

我们为什么要做体态评估

当你在考虑体态评估的时候,你可能会问的第一个问题,就是为什么我要做体态评估?体态评估的理论依据是什么?简而言之,做体态评估的主要原因是为了获取信息,节省时间,建立一个基准,帮助实施有针对性的治疗。现在就让我们依次来说明。

获取信息

第一个原因,也是最重要的,进行体态评估能够为你提供有关客户的更多信息。这里有三个例子来说明这一点。

- **案例一**:为大众人群服务,你会有很大一批客户存在背部和颈部疼痛的问题。许多客户认为他们不良的体态是由于他们久坐的工作性质,比如长时间伏案工作或是开车。要了解客户的疼痛是源于习惯性体态,还是源于其他原因是很有用的。通过分辨不同的原因,你能够确定调整工作姿态是否能有效地解决问题。
- **案例二**:你正为一个运动员或常常运动的人治疗。30 岁的男性跑者,主诉是膝盖反复性疼痛。那么他的疼痛是否是因为他下肢的体态造成的?他是否有扁平足,存在膝外翻,或者长短腿的问题?你如果观察了他的体态一切正常,那他的膝盖疼是否与他的训练次数和强度有关?有时候,做个体态评估能帮你排除身体结构方面的因素。
- **案例三**:为一名肩部疼痛加重的 49 岁女性患者进行体态评估,你会发现她肩部的肌肉体积萎缩。如果她没有外伤病史,那造成肩部肌肉萎缩(伴随着活动度的大幅受限)的一种解释就是粘连性肩周炎。观察过程中收集到的信息将有助于你形成诊断,且这些信息将通过相关的测试被证实或者推翻。要记住体态评估只是整个评估过程中的一部分,要想形成一个完整的诊断,需要考虑所有环节。

体态评估同样还可以辨别皮肤上的标记,比如瘢痕等。有临床经验的治疗师明白客户有时候可能因为已经习惯了伤疤的存在,而忘记告知一些重大的手术,如阑尾切除术。一个在童年时期接受骨折手术的成年人可能也不会提这件事,或许是因为他们已经忘记了,或者他们不清楚这是否和他们现在的问题有联系。但是通过旧的伤疤得到额外信息已被证明确实有效。

节省时间

第二个需要做体态评估的原因是,从长远来看它将节省更多的时间。它能够真实客观地反映客户目前存在的其他方面的慢性问题。躺着接受治疗时可能很难发现的身体结构之间的问题,但是当站起来的时候会突然变得很明显。这里有两个例子:

■ **案例一**:你是运动按摩治疗师,你的客户是一个平常很健康、身材良好的打字员。她主诉右肩前侧疼痛。通过为她进行站姿和坐姿的体态评估,发现有很严重的右肩胛骨前伸的现象,然而当她处于俯卧位的时候你可能无法观察到,因为这个状态下双侧肩胛骨都自然呈前伸状。

■ **案例二**:你的客户是位左踝疼痛的中年男子,从背面和正面观察他的体态,发现他左侧负重多于右侧。左侧小腿肌肉体积相对比较大。在询问了客户后,他回忆起在童年时期在他的右侧脚踝曾骨折过,所以不敢过多地用右脚发力,即使他很清楚右脚的伤病已经治愈,但是还是会倾向于将力更多落到左边。这个信息可以解释客户左侧脚踝疼的问题吗?是他的左侧有关节炎,或者只是很简单的因为左侧过多的承重关节压力过大导致的?而在站立时发现双侧小腿肌肉体积存在的微小差异,可能你在俯卧位或测试关节活动度时就无法发现。所以在承重的状态下,可以观察到更多特定的信息。

确立基准

进行体态评估的第三个理由,是它能够帮助你设定基准,即一个评判你的治疗是否有效的衡量标准。如果你的客户由于骨盆位置导致下背部存在肌肉疼痛,你建议通过运动和拉伸来改正这个体态,那你毫无疑问需要在一定阶段后重新评估客户状态,来跟踪疼痛是否得到缓解,以及疼痛的缓解是否有助于骨盆位置的调整。但现在许多治疗师运用客户主观的反馈作为评判有效性的标准。如果我们怀疑问题是因不良体态造成的,那么我们需要辨别改善了客户体态的方法是否有作用,且这些作用是通过按摩还是主动训练和拉伸完成的。实现这个结果的方法是在治疗干预前后进行体态评估。关于这个问题的更多信息,可参考第 12 页“何时需要做体态评估?”部分。

实行整体治疗

最后,将体态评估作为我们整体评估的一部分,能够有助于我们提供更加全面的服务,也符合我们整体服务客户的想法,而不是简单地把人分为几类(比如陈旧性损伤、冰冻肩、颈椎挥鞭性损伤)进行治疗。我们需要持续跟踪记录客户的健康和运动情况,所以我们持续记录他们的体态情况也是很有必要的。

现在你已了解进行体态评估有很多的好处，接着，我们需要了解哪些情况最能从体态评估中获益。

谁应该接受体态评估

本书不是针对于那些患有急性损伤或者长期疾病需要住院的人群，而是针对于那些无论现在的身体素质如何、无论是否喜欢运动的普通大众人群。理想的状态是，你将为所有无论是为了运动还是为了治疗、整骨、按摩的客户进行体态评估。只是要注意目的不同，侧重点也应不同。如果你是健身教练，那么你的一个目标就是将弱的肌肉练强，如果你是瑜伽老师，你的目标可能就是拉长紧张的肌肉，无论你从事哪个职业，你都能从体态评估中获益，因为它能帮助你找到肌肉不平衡之处，从而让你能够为你的客户设计更为有效的训练计划和体态标准。然而，对于有些客户体态评估可能就不那么适合了，比如：

- 情绪焦虑的客户。
- 因为疼痛或疾病无法站立的客户。
- 无法稳定站起或者坐下的客户。
- 不理解评估目的或者不同意进行体态评估的客户。
- 更适合接受其他评估手段的客户。

当你服务于一个焦虑的客户时，建议在建立起融洽的关系后再进行体态评估，因为在你们的良好互动关系确立了以后，将有助于你开展包含体态评估在内的更为全面的评估。而对于一个由于伤病无法站立的客人做站姿体态评估是不合适的，你可以选择改为坐姿的情况下进行（见第 6 章，第 129 页）。在另外一些情况下，体态评估是可以的，但是需要很小心地去做。例如，你想为一位拄拐走路都随时会跌倒的老人进行站姿体态评估，你需要在保证安全的情况下让他拄拐进行评估。对于急性损伤的人也要非常小心，尤其是腰椎、骨盆、下肢存在伤病的人，负重或是体态改变都会加重不适感。对于在体态评估过程中由于过于靠近感到不适的客户，你需要清楚地对其说明评估的意图和目的。

体态评估在医疗系统也是十分有用的。比如，评估中风的患者时，他们可能会存在肌肉张力异常增高或异常偏低的情况。由于本书中“你的观察意味着什么”讲述的是体态不平衡对于一个健康人的影响而非针对受伤人群，那么这部分内容将不适用这种突发性损伤的情况。同样的，运用本书去为一个患有衰退性疾病（比如帕金森症患者做体态评估也是存在问题的，虽然你确实可以收集到有用的信息，但是不如使用针对于这些人群的专业评估设备所获得的信息来得有效。因此，对与神经肌肉系统正常功能性相关的疾病，我们更为推荐使用针对该类人群的专业评估方式。

哪里适合进行体态评估

由于体态评估需要客户穿着内衣，所以一个温暖的诊疗室是最好的地点。而如果需要通过长时间的工作坐姿观察来获得信息，在这种情况下，客户是穿着衣服的。虽然这样无法精确掌握各关节的位置，但是至少可以从整体告诉你肌肉骨架疼痛是否与不良坐姿有关。

何时需要做体态评估

客户的体态评估通常放在问诊后进行，提前了解客户的病史是很重要的，因为这个阶段发现的问题可能会影响你之后体态评估的进程。例如，如果你的客人站了很久会产生晕眩，你应该加快检查的进程，或者安排助手在身边或者就近放一把椅子，或者你压根就不要做这个体态评估了。

有些治疗师喜欢在每次治疗后进行一次再评估，当然这取决于治疗频率和治疗性质。如果你的治疗是一次性的，那么你就需要在治疗前后进行评估。如果治疗包含着一系列的内容和一段时间的家中自行锻炼，在治疗开始和快结束时进行体态评估是比较恰当的，因为这给你和你的客户机会去实践治疗方案。但是，是否需要进行评估和是否需要进行一整套评估应视情况而定。当然，如果你很想看看目前设计的训练和治疗强度是否对症下药，缓解了身体的问题，那你当然想再进行一次体态评估。

结　语

本章介绍了体态评估的概念和一些影响因素，希望这些已经回答了你刚开始对于这个话题的疑问。第 2 章的内容将帮助你做第一次评估。

重点问题

1.举出影响体态的三个因素。

2.举出有必要进行体态评估的两个原因。

3.举出本章提到的两个不适合做全身体态评估的事例。

4.在大多数案例中，做体态评估之前了解病史为什么很重要？

5.当你在分析身体众多部位如何组合在一起时，为什么从整体视角出发很重要？

准备体态评估

第2章

现在让我们做好评估前的准备。在这章中你会学习如何评估、所需设备、所需时间，以及需要观察哪些项目等内容的概述。此外，还能更详细地了解什么是标准（理想）的体态，建议牢记这些标准图像，以便在之后的章节里评估姿态时应用。在你开始评估前你还需要掌握如何记录你的观察结果、相关注意事项及安全须知。

所需设备

在学习做体态评估时，以下设备将非常有用：

- 温暖而私密的房间。
- 全身镜。
- 身体彩绘笔和清洁湿巾。
- 体态评估表。
- 骨架模型。

贴士 建议让你的同事根据本书的步骤先为你做一个体态评估，这样你就能体会受试者的感觉，还能对整个操作过程有更好的了解。

建议使用给孩子脸上涂鸦的彩绘笔，它们价格不贵，且在大多数卖聚会用品的商店里都能买到。它们通常是无毒且低过敏性的，但在使用前还是需要和你的受试者确认是否过敏。建议你可以先用你的家人和朋友练手。用彩绘笔画出骨骼位置有助于你判断它们与人体中线的距离、骨骼和关节的角度和它们相互的关系。现在尝试画出这些位于人体背部的结构：

- 肩胛骨内侧缘。
- 肩胛下角。
- 棘突。

- 尺骨鹰嘴。
- 髂后上棘。
- 膝横纹。
- 腓肠肌中线。
- 跟腱中线。

如果你选择使用彩绘笔，记得要准备擦掉记号的清洁湿巾。

利用评估表进行体态评估可帮助提示你下一步应观察什么，并能方便随时记录评估中所发现的问题。在本书的附录部分提供了针对身体前面、侧面、背面的评估表样表（第 143 页），这些能够和第 3、4、5、6 章的评估步骤相对应。最后，准备一个人体骨架模型也能帮助提醒你解剖部位的结构、大小和位置。

贴士　如果你用的骨架模型是站立式的，而不是悬挂式的，它往往会有一个杆子穿过模型的脊椎。这就意味着你模型的脊椎将是平直的，无法呈现和正常人脊柱一样的前凸和后弯的曲线。

所需的时间

如果你是体态评估的新手，你会发现做完一整套评估（包括正面观、背面观和侧面观）至少需要 30 分钟。如果经过训练，你可以在 5 分钟之内完成整个身体各个体位的评估。一个有经验的评估者可以快速地完成整体的体态评估，只关注那些与标准体态差异显著的地方。以下情况中进行评估可能会耗用较长时间：

- 你的客户身体呈现了持续且未解决的问题。
- 你的客户正处于康复的过程中。

那么你在确定体态不平衡是否是造成问题的关键，或是在未来会形成什么问题上要更加小心。

体态评估步骤

当你已经确定体态评估的有效性，并且你的客户也了解了体态评估的内容时，你就可以着手开始了。客户需要穿着内衣，扎起头发以防挡住脸和脖子。建议女性穿一般的内衣而不是运动内衣，因为运动内衣会挡住后侧的肩胛骨和脊椎，这会增加观察的困难。此外，因为你希望观察到受试者的日常状态，所以应该让其双脚处于自然站立即可，而不必摆出刻意的站姿。

在开始前，要带着问题去进行体态评估，表 2.1 给了一些相关建议，但是这些问题只是作为一种参考，并不是全部。

大多数人在穿着内衣让别人分析观察身体时都会感到不自在，此外，这个评估过程往往是在整个治疗关系建立之初进行的，因此，这个过程进行的好坏在很大程度上会决定患者和治疗师之间信任和支持关系能否建立。虽然你有自己对待患者的一套方法和态度，并且会处于一个操作者的角度去看待评估过程，但仍要时刻注意在你的观察过程中尽量减少个人的评价。

观察过程对于你而言可能是很普通的事，但是对于受试者这可能会造成很明显的情绪波动。因此，你要在评估过程中时刻注意这些情绪。无论是在后期的治疗、康复、教育，还是在初期的评估过程中，积极鼓励、减少批评都是同等的重要。当受试者感到安全、平静，甚至对于你的观察很感兴趣时，才能获得最好的效果。了解受试者的真正体态须建立在他们的信任和支持之上。

表 2.1　关于受试者身体的一般问题

总体站姿	▪ 重量平均分散于两脚还是偏向于一边？ ▪ 受试者是否是平衡、稳定的？ ▪ 受试者的身体是否出现向前、向后或一侧倾斜？
身体各部位的结构	▪ 身体的各个部位和其他部位是否成比例？ ▪ 头部是否在胸部的正上方？ ▪ 胸是否在骨盆的正上方？ ▪ 肢体与躯干是否等距？
骨骼	▪ 骨骼的形态是否正常？ ▪ 是否有骨骼的形状不正常、弯曲或者受损？
关节	▪ 关节是否在中立、放松的位置，是否存在对位异常的情况？ ▪ 关节是否存在水肿？
肌肉	▪ 左右两边肌肉体积是否等大？ ▪ 是否存在明显的肌肉壮硕或者萎缩？ ▪ 是否存在肌肉张力增加或降低？
皮肤	▪ 是否存在炎症、肤色不均或者干燥？ ▪ 是否存在瘢痕、瘀青、挫伤？
身体状态	▪ 受试者是否感到舒适？ ▪ 受试者是否能够轻松维持姿态？ ▪ 受试者是否存在紧张或压力？

标准体态

就像你在第 1 章里读到的，本书将教你如何将受试者与一个标准的体态进行观察比较。需要注意的是，我们使用 Kendall 和 Boynton（1952）所提出的“标准体态”一词代替“理想体态”。本书中的图像常被作为体态评估观察结果的比较标准。这些图像被选为标准的身体结构的原因是由于它们体现出在直立时，人体各部位对于关节表面的压缩力是均匀分布的。

如图像所展现的形态，关节的结构不会提升任何软组织张力，肌肉也不需要额外发力去调整体态。但是如果偏离这个标准体态，身体便会增加韧带上的压力，肌肉也需要来进行调整，并且这样的调整不仅会影响与该关节直接相连的部分，还包括其上方和下方的其他关节。如果关节对位不良持续下去，那么这样的位置偏移可能就会造成结构性的变化。

当关节处于这种“标准”的状态，那么韧带会帮助保持关节的稳定性避免关节做屈伸运动。当没有韧带保护时，肌肉会主动发力去对抗任何形式的关节移位。肌肉只有在关节过于向前或向后偏离中轴线（重力线）时，或是受试者被要求严格保持一个不平衡的姿态时，才会增加能量的消耗。这里推荐《关节的结构与功能》(*Joint Structure and Function*, Levangie and Norkin, 2001）一书，它全面讲解了关节功能解剖的问题，而关于控制体态的数据和动态信息，请参考本书第 13 章。

第 19、20、21 页的图指出了人体中垂线（黑色垂直线）应处于身体的位置，并指出了一个好的体态的判断标准。旁边的文字说明了从正面、侧面和背面观察的标准身体结构。如果想要跳过这个部分，你可以转到第 3、4、5 章看具体需要观察的逐步解释。

标准体态结构

标准体态——背面观

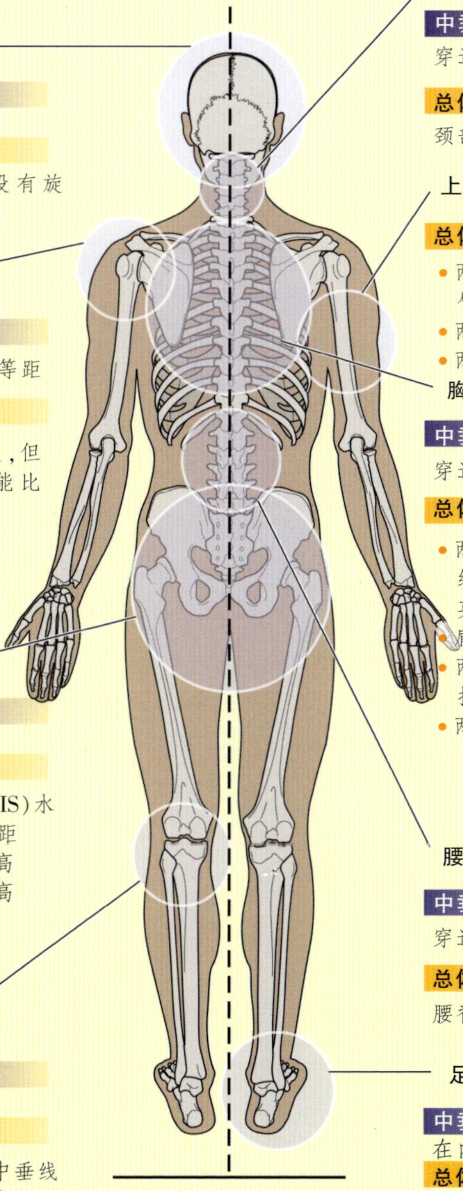

头

中垂线

穿过颅骨正中线

总体观察

头面向前方时应该没有旋转或侧屈

肩膀

中垂线

与两侧肩胛骨内侧缘等距

总体观察

两肩基本在同一高度，但是惯用手的肩膀可能比非惯用手略低

骨盆和大腿

中垂线

穿过骨盆中线

总体观察

- 两侧髂后上棘 (PSIS) 水平且与脊椎中线等距
- 两侧股骨大转子等高
- 两侧臀横纹水平等高

膝盖和小腿

中垂线

穿过双膝之间

总体观察

- 两腿应该笔直并与中垂线等距，无膝内、外翻情况
- 两侧腓肠肌体积大小相等

颈

中垂线

穿过所有颈椎的中线

总体观察

颈部应该竖直无侧弯

上肢

总体观察

- 两侧手臂应该自然下垂，两手臂与身体等距，手掌朝向身体
- 两侧手肘等高
- 两侧手腕等高

胸椎和肩胛骨

中垂线

穿过所有胸椎中线

总体观察

- 两侧肩胛骨与脊椎等距，内缘离脊椎的距离大约 1.5~2 英寸 (3.8~5cm)
- 肩胛骨平贴肋骨无前倾
- 两侧肩胛下角等高，无上抬、下降及旋转
- 两侧肋角左右对称

腰脊椎

中垂线

穿过所有腰椎的中线

总体观察

腰脊椎应该笔直，无左、右侧弯

足踝

中垂线

在内踝之间

总体观察

- 外踝等高
- 内踝等高
- 跟腱垂直于地面
- 跟骨垂直于地面
- 脚尖应稍稍旋外

标准体态——侧面观

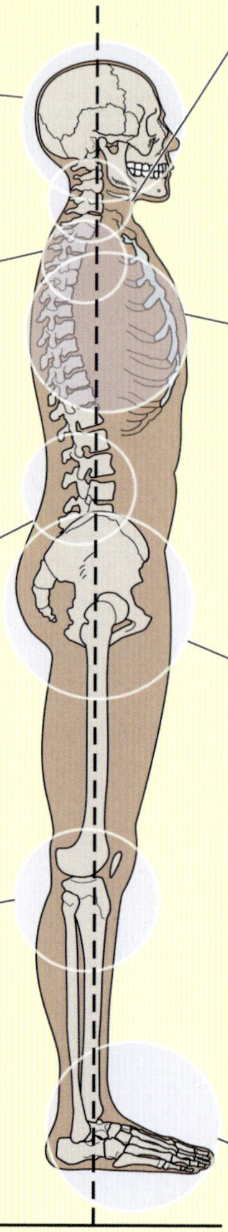

头

中垂线

穿过耳垂

总体观察

头应在胸椎上方，下巴无前伸或后缩

肩膀

中垂线

穿过肩关节，特别是穿过肩峰（图上未显示）

总体观察

肩关节无内旋或外旋（罕见）

腰脊柱

中垂线

穿过腰椎椎体

总体观察

腰椎应呈现正常的生理弯曲，不应过大或变平

膝关节和小腿

中垂线

穿过膝关节中央偏前方

总体观察

站立时膝关节无屈膝或过伸

颈

中垂线

穿过大部分颈椎的椎体

总体观察

- 颈椎应该呈现正常的生理弯曲，不要过大或过平
- 颈胸交界处无关节畸形，如驼背

胸椎和肩胛骨

中垂线

穿过躯干中间

总体观察

- 胸椎应该呈现生理弯曲，曲线不应过大或变平
- 胸应该自然正直挺起，而不是刻意抬高（如军姿站立）或是下凹

骨盆和大腿

中垂线

穿过股骨大转子

总体观察

- 骨盆应该处在中立位，也就是说髂前上棘和耻骨联合的连线与地面垂直
- 髂前上棘和髂后上棘应在同一水平面上，骨盆无前倾或后倾
- 臀肌和大腿肌肉体积两侧等大

足踝

中垂线

穿过外踝稍前方

总体观察

脚踝有正常的背屈现象

要记住虽然从侧面看中垂线应该垂直穿过耳垂和大部分颈椎的椎体，但是当你真实标记时，它的位置会在外踝偏前方，不会靠着耳垂、颈柱、肩峰或者其他列在这里的结构。记住这里展示的是一个由中垂线把身体等分为前后两部分的标准体态。

标准体态——正面观

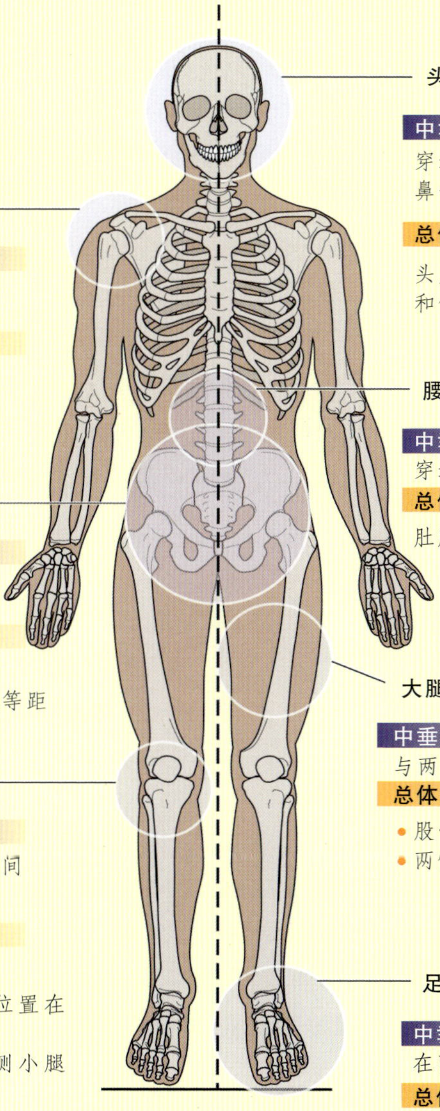

头

中垂线

穿过脸的中间；由前额、鼻子到下巴

总体观察

头应该朝向正前方，无旋转和侧屈

肩膀

中垂线

穿过胸骨柄、胸骨和剑突

总体观察

- 两肩基本等高
- 两侧锁骨等高

腰脊椎

中垂线

穿过肚脐

总体观察

肚脐应该在正中间

骨盆

中垂线

- 将骨盆分成两半
- 穿过耻骨联合

总体观察

- 两侧髂前上棘等高
- 两侧髂前上棘与中垂线等距

大腿

中垂线

与两侧大腿等距

总体观察

- 股骨应该笔直，无内旋或外旋
- 两侧大腿的肌肉体积等大

膝关节和小腿

中垂线

- 在膝关节股骨内侧髁之间
- 与两条小腿等距

总体观察

- 两侧膝关节等高
- 两侧髌骨朝向前方且位置在同一高度
- 胫骨应该笔直并且两侧小腿肌肉体积等大

足踝

中垂线

在两侧内踝中间

总体观察

- 两侧内踝等高
- 两脚应该由中线向外旋

中垂线

中垂线也就是重力线，是一条穿过人体重心且与地面方向垂直的线。人的重心在第二节骶椎前。虽然在这些图像中都包括了中垂线，但是许多体态评估者认为，操作者应该更多关注于不同身体部位之间的关系，而不是某一个部位与中垂线的关系。

过去，中垂线在体态评估中的利用方式如下：在正面观和背面观时，让受试者站在其内踝到中垂线等距的位置。当侧面观时，中垂线应处在外踝前方约 1 英寸(2.5 厘米)的位置。为了保证受试者站在正确的位置上，操作者会让受试者站在有标识的卡片上，或者有站位脚印的地面上。但这种方法充满争议，因为这可能会导致客户被迫采取一种令他们不舒服的位置站立。事实上，每一个受试者的个体差异很大，用一个固定的双足位置去测试所有人是不合适的，因为有的人可能习惯站的比标记出的双脚位置更宽或更窄些，或者脚的旋转角度会比标记的更大或更小些。虽然现在的体态评估普遍倾向使用不强制标出脚位置的中垂线，有些专业评估人员可能会配合网状测量纸作为背景一起使用，但有时候这些都不是必须的，甚至会造成麻烦。

贴士 一般来讲，人体中垂线应该穿过受试者的耳朵和肩峰，头部应完美地支撑在胸廓之上。但是，因为肩部的关节是一个活动的结构，所以当你观察到头部处于不正确的位置上时，这可能是因为肩胛骨位置不正，通常情况下是由肩胛骨前伸导致的。

要想确定一个“标准的”坐姿是很困难的，因为这根本不现实。坐姿需要配合受试者的需要，并且还与其在坐着时所从事的工作有关。如图 2.1 中建议坐姿时髋关节应呈现特定的弯曲角度，而这个角度是假设受试者坐在书桌旁的，如果他在开火车、如厕或是在吃饭，这时髋关节的屈曲角度都不一样。总体而言，人们普遍可以接受的坐姿要求是：头部在胸部上方，腰椎得到支撑，膝关节弯曲，双脚水平放在地上。

记录你的观察发现

当你在进行体态评估时需要记录下观察结果。记录方法有很多，其中最常见的就是用笔记下你的结果，除此之外你可以口述你的发现。如果你把体态评估作为你研究的一部分，那么你可以要求你的受试者签一份协议允许你在过程中拍照存档，

图2.1　一些常见的坐姿建议。姿态a和c是应该尽量避免的，姿态b对于脊椎和软组织压力最小。

骨盆的中立位

在继续下面的部分之前，我想明确什么是骨盆中立位。骨盆中立位是指在背面观中左右的髂脊、髂后上棘(PSIS)和坐骨分别在同一水平线上，如图 2.2 所示。

在侧面观中，髂前上棘（ASIS）和耻骨联合基本在同一平面内(Anderson 1978)，如图 2.3 所示。

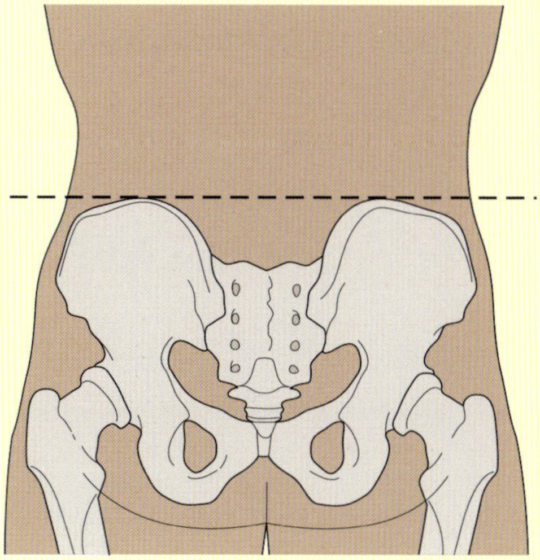

图2.2　背面观骨盆中立位。

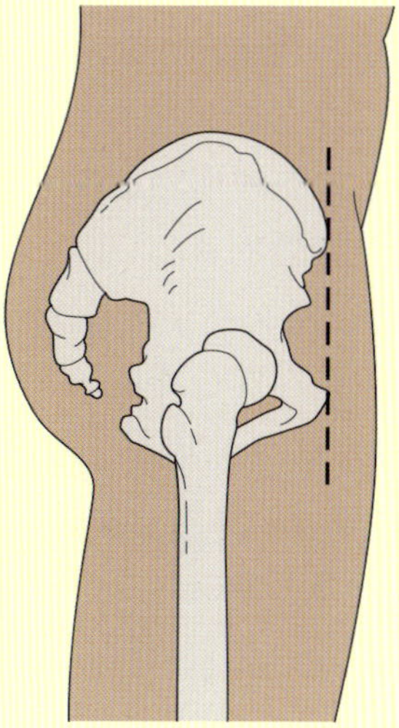

图2.3　侧面观骨盆中立位。

以备之后分析使用。口述并录音记录评估结果确实简单快速,但是这可能会对受试者产生影响,因为你可能并不愿意在这个阶段就让其知道你的发现结果。另外照片虽然可以让你有时间慢慢做评估,但是始终比不上受试者就在你眼前。这本书使用了许多参与者的照片,这样做的一个好处是之后可以慢慢分析照片,选择那些能够更好表达文字内容的照片,但不足之处在于照片在清晰度和尺寸方面与真人仍存在差异。

如何记录评估结果取决于哪种方法更适合你。比如,一个视力存在障碍的治疗师,可能要通过触诊来“观察”受试者。习惯于用手去了解身体不同部位的关系的治疗师,可能会用语音记录评估结果以便稍后编成文字。有些情况下,治疗师还被要求使用标准的表格记录他们的发现。临床试验通常需要操作人员运用测量设备(如软尺和量角器等)来记录受试者与标准体态间的差距。日常练习时,大多数的物理治疗师只是简单地记录他们观察到的差异是轻微的、中等的还是显著的。通常来说,箭头或者阴影是用来表示身体部位的偏移或者肌张力增加。为了做好准备,你可以在附录中找到相应的体态评估表。

安全注意须知

进行体态评估有一些禁忌证。如果受试者久站或久坐(第 6 章中我们会讲坐姿的体态评估)会产生疼痛,我们不建议对其进行评估。对患有低血压的受试者进行体态评估时请准备一把椅子,以免受试者长时间站立出现头晕。对于那些站立时不会产生疼痛,但是会失去平衡的受试者也需要特别小心,这种情况在年长的、正在恢复下肢伤病的或是下肢手术后刚开始全身站立的人群中比较多见。

开始体态评估之前要先确保受试者的穿着是否符合要求。在第 4 页中的老年男子希望穿着他的背心,因为他最近摔了一跤,身上有很多瘀青。当然,如果需要检查他的伤情,那么我必须让他脱去上衣,但是你必须意识到让他一手拄着拐杖独自站着脱衣服是存在危险的。

最后,如果你用彩绘笔在受试者身上标记,那么你需要确认受试者不会对此过敏,虽然对于彩绘笔过敏的情况很罕见。一旦你发现在使用彩绘笔的地方皮肤发红,你就需要马上擦去这些标记。

结　语

现在你完全准备好了，是时候试试身手开始第一次评估了。你可以选择正面、侧面或是背面，翻到后面对应的章节按照分解步骤的指导进行体态评估。

重点问题

1. 举出进行体态评估的 4 个有效设备。

2. 举出哪些骨性标志在开始前确定有助于进行背面体态评估？

3. 举出 5 个要了解受试者的整体姿态、结构、骨骼、关节、肌肉、皮肤和心理时需要询问的问题。

4. 什么是骨盆中立位？

5. 进行体态评估时存在哪些禁忌证？

进行体态评估

第 2 部分

在第 2 部分中你会了解从背面(第 3 章)、侧面(第 4 章)、正面(第 5 章)和坐姿(第 6 章)分步讲解如何进行体态评估。从头部、颈部,到肩部、胸部、手臂、腰椎、骨盆、大腿、小腿和脚,每个章节会告诉你针对不同部位需要观察些什么,并且解释观察到的差异代表什么意思。结合每章中启发性的问题,将有助于你了解哪些肌肉是挛缩紧张的,哪些肌肉是拉长无力的。此外,你可以使用附录中的体态评估表来帮助你在评估过程中记录你的发现。但要注意,在此过程中要时刻谨记第 2 章中所讲的内容。

正如序言中所说的“你的发现意味着什么”这部分的内容是建立在肌肉功能的传统观念,以及笔者的个人经验之上的。因此你会发现这里的用词常是“可能意味着”“可能暗示着”等,而不是直接陈述事实。你还会发现体态的成因有很多,可能是多种因素综合导致。因此,体态评估应该只是你评估环节的一部分,你还应该另外进行如肌肉长度和关节活动度的测试,或者通过触诊来完成最终确诊。

关于这个问题我们可以通过很多书来获取信息,比如《骨科检查评估》(*Orthopaedic Physical Assessment*, Magee, 2002)和《常见肌肉骨骼疾患的处理方法》(*Management of Common Musculoskeletal Disorders*, Hertling and Kessler, 1996),这两本书包含了关于全方位关节测试的内容。《肌肉功能及测试方法》(*Muscle Testing and Function*, Kendall, McCreary and Provance, 1993)这本书不仅讲了肌肉的评测方法,还包括了关于体态的很多内容。《关节活动度的临床测量》(*The Clinical Measurement of Joint Motion*, Green and Heckman, 1993)则是一本介绍关节并十分具有实际操作价值的速查参考书。

《骨关节的结构与功能》(*Joint Structure and Function*, Levangie and Norkin, 2001)这本书配有出色的文字和图片,提供了正常关节位置和影响因素的完整描述。

“你的发现意味着什么”这部分将给需要系统学习分析体态的学生一些指导建议。你的观点可能是,体态就是一个全身关节放松的状态。比如,你可能认为我们身体的结构只和解剖学有关,或是你相信我们表现出的体态会受我们当时的情绪状态影响。这些都没错,我并不是让读者全盘接受我的理论看法,而是希望读者将这些理论作为出发点,进而形成自己的分析思路。

这本书中的体态图包括了 18 个人,按正面、侧面和背面角度自然站立拍摄的。期间他们没有被要求应该怎么站,也没有脚印来规定他们应该把脚放在哪里。但是要记住,书中的图片只能用来说明受试者这一部分的体态信息,而随着学习的深入,你可以试着去发现这些图片中除了书中文字描述的信息之外的内容。

第3章 背面观体态评估

让我们开始你的第一次评估，在这一章中你将会学习如何从背面评估受试者的体态。虽然从头到脚观察受试者的整体体态是很明智的举措，但是在你学做体态评估之初，建议将身体按照部位逐一观察。按照步骤分步学习，结合相关问题的解答，你会了解如何进行整体的背面体态评估。书中每一个步骤都包含着“你的发现意味着什么”这个栏目，此外还有帮你发现缩短或拉长肌肉的小提示。在学习了这些以后，你就会更好地了解什么是导致身体不平衡，引起疼痛、不适及关节功能受限等问题的根本原因。

首先，你可以在第144页附录中找到背面观体态评估表，这张表和你将在本章中读到的步骤相对应，其中包括了17个上身评估和14个下身评估，共31个步骤。你可以选择按任意顺序开始，但还是建议由从头至脚的顺序进行。阅读完本章即可使用评估表进行你的第一次体态评估。

在阅读了第2章“准备体态评估”这部分之后，你就可以开始评估了。所以你的受试者应该站在一个温暖的房间里，面朝一面镜子，背对着你。一个有经验的评估者可能只要花5~10分钟就可以完成背面观、侧面观和正面观的评估。但如果你是个初学者，那么可能会花长一点的时间，因此建议你先为家人和朋友评估做练习。按照这里设定的步骤进行，注意如果你的受试者在评估过程中想坐下或者感到寒冷了，你们都可以适当休息一下。

贴士　由于体态评估需要受试者穿着内衣进行。虽然这样可以保证观察到完整的体态，但是对于第一次接受体态评估的人来说可以将上半身和下半身分开进行。因为一部分穿着衣服，至少可以让受试者，特别是之前没有接受过体态评估的受试者，感到稍稍放松自在。

在这个环节，女性受试者需要穿着内衣，男性受试者则需要赤裸上身进行评估。建议女性受试者不要穿运动内衣，因为运动内衣通常背后有T形吊带，这会使胸椎和肩胛骨下角不明显。

贴士　在进行体态评估时和你的受试者聊天可以更容易让气氛放松，但是要注意在进行第一步到第五步，针对头部、颈部和肩部的步骤时，他们可能会转头或者歪头来回答你的问题，这可能会影响评估结果。

第一步 耳朵位置

首先观察受试者耳朵的位置。耳垂是否等高？如果你的受试者是短发则很容易观察，如果你的受试者是长发则应该扎起来。如果你无法看到受试者的脖子，那么就请跳过这个部分。

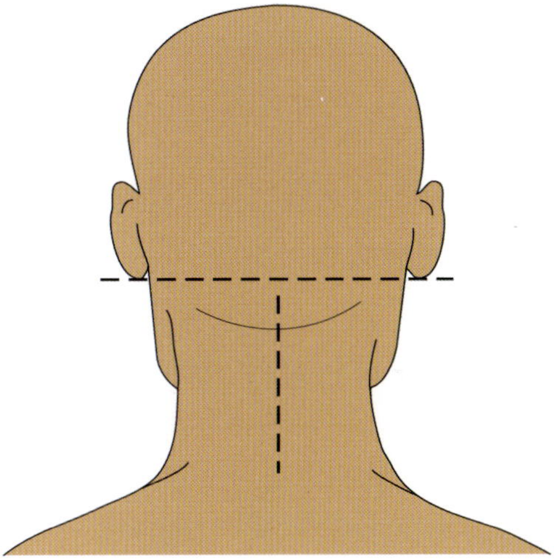

贴士 有些客人会本能地撩起头发，但是请尽量不要这样做，因为这会改变他们头、脖子和肩膀的位置，偏离我们需要的中立位（双手自然下垂、全身放松的站立姿势）。

你的发现意味着什么

耳朵高度不一可能说明你的受试者头往一边倾斜或者颈椎侧屈。颈椎侧屈可能是由于颈部偏向的一侧肌肉缩短导致的。例如，如果头偏向右边，那么右侧的斜方肌上束、肩胛提肌、胸锁乳突肌、斜角肌可能都有肌肉紧张的问题。下面这种情况较为罕见，受试者双耳位置不等高但不存在颈椎移位，他们往往由于戴眼镜或墨镜时总是歪而发现这个问题。

第二步　头部和颈部侧偏

这和第一步有些类似，因此，当你看不到受试者的耳朵时可以代替第一步使用。在这步中你会观察到受试者的头是否歪向一边，是否存在颈部侧屈。

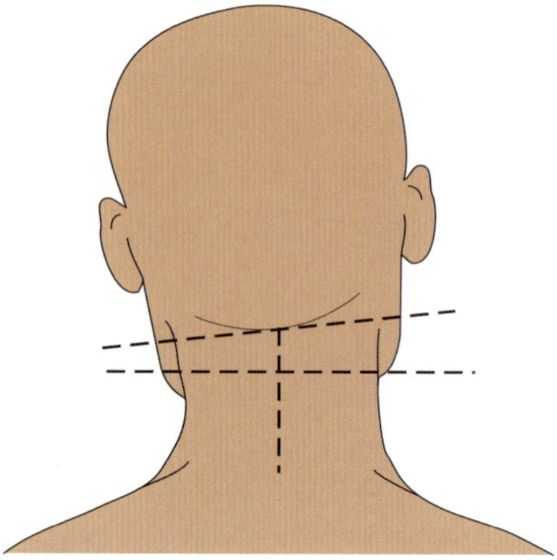

你的发现意味着什么

像第一步一样，如果头向一侧歪可能说明脖子歪向的那一侧的侧屈肌群很紧张，从而造成了头和颈部的倾斜。举个例子，如果受试者颈部向左侧屈，那么左边的肩胛提肌、胸锁乳突肌、斜角肌和斜方肌上束肌肉都会很紧张。有肩膀疼痛问题的受试者通常会不自主地将他们的脖子倾向疼痛的一边，以此减小活动、降低不适感。

贴士　如果受试者存在斜颈症，就会存在脖子侧弯问题。被称为“歪脖子”的斜颈症是因颈部肌肉痉挛导致脖子侧屈、旋转或者二者都有而得名，它常常在颈椎损伤之后发生。

第三步 颈椎旋转

接下来,确认受试者的颈椎是否有任何旋转。受试者是否看向正前方，或是他的头向左或者向右旋转?

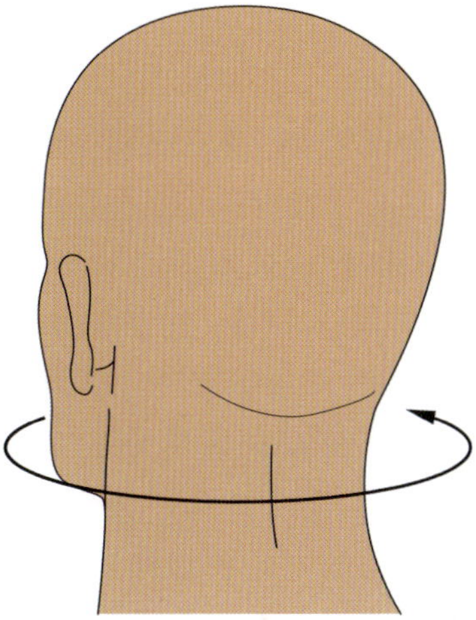

贴士 判断头部是否存在旋转的方法是,对比观察到的受试者的脸两侧,你是否能看到一侧更多的眼睫毛或脸颊?

下面照片中的两人都认为自己面向正前方站立，但当你仔细观察就会发现,我们都可以稍稍多看到一点他们一侧的下巴。左边的男人头向右偏,因此你会看到右边的下巴较多,而右边的女士则头稍偏左,导致左边的下巴更明显。这些都是细小的差异,但是如果你的受试者存在颈部疼痛问题,那么就可以帮助发现问题所在了。

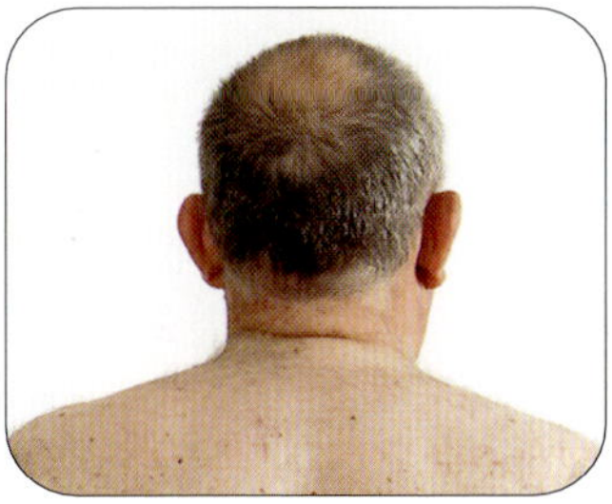

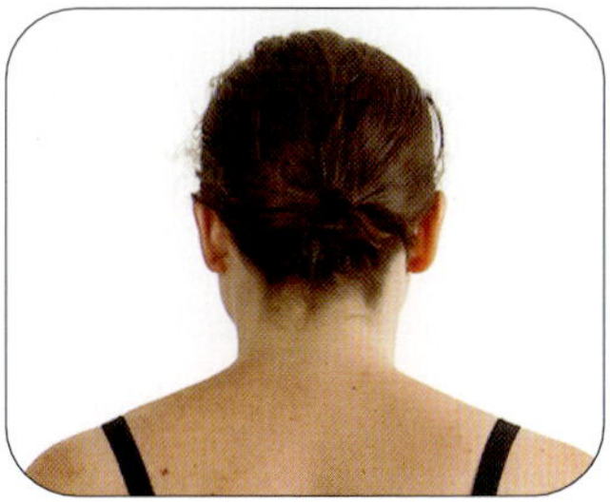

你的发现意味着什么

和你知道的一样,许多肌肉包括胸锁乳突肌和斜角肌都会造成头部旋转。如上图的女性,右侧胸锁乳突肌、左侧的斜方肌、左侧的肩胛提肌相比对侧肌群会显得相对紧张。

第四步　颈椎排列

受试者的颈椎是否正直？这一步可能和第二、三步很像，但是这步涉及的是脊椎排列，而不是头和脖子的位置。观察下颈部伸肌，是否存在一侧的肌张力增加？从技术角度看，体态评估只是观察，但实际上，初学者加入触诊是很有用的（你可以参考书中第54和57页的下半身体态评估中的第二步、第三步，那里说明了对于骨盆的髂脊和髂后上棘的触诊的必要性）。评估受试者站立时颈椎排列的一个简单方式是轻轻地触摸颈椎棘突，并用彩绘笔标记出各个关节的位置，然后站远点观察所做的标记。

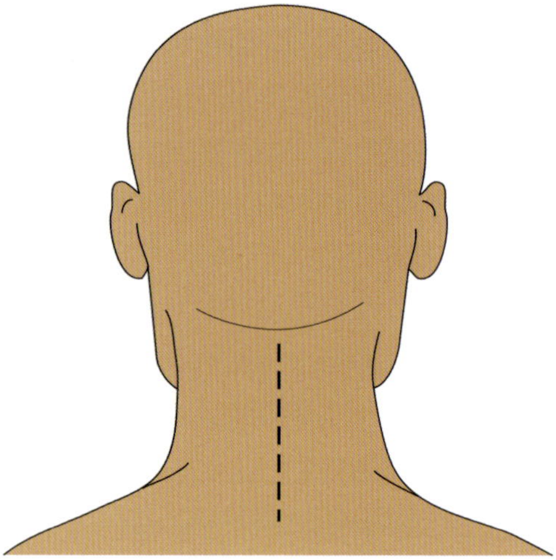

贴士　当你在触诊颈椎时，建议你用另一只手轻轻扶住受试者的前额来稳定头部和颈部。

触诊颈椎可能存在以下困难：第一，在站立时颈椎处于中立位，部分颈椎棘突会有分叉，而且互相距离很接近，这让触诊变得困难。第二，棘突位于深厚的项韧带之下。第三，在人站立时，颈部伸肌会绷紧，因此你在触诊时会摸到粗厚的组织和紧绷的肌肉。

贴士　如果你使用彩绘笔做标记，要注意标记在你摸出的受试者实际颈椎棘突位置，而不是你认为的应该处于的位置。有时候你会摸出一块椎骨离中垂线过分偏左或者偏右，那么你可能会倾向于在你认为椎骨应该处于的位置——即颈部中线上做标记，但事实上你摸出的椎骨错位，恰恰应该被记录下来。

你的发现意味着什么

很少有人能有完美的笔直脊椎，站在受试者身后观察其身上的标记位置，很有可能你会发现有一节椎骨发生偏离。了解椎骨存在偏离可能对于手法治疗师而言很有用,因为这不仅能帮助他们了解受试者存在的问题,还能向受试者解释为什么有时候需要有经验的物理治疗师和整骨整脊师的介入治疗。

贴士 如果受试者的颈椎不是直的,那么你要选择合适的方式告诉他。因为很多人会在得知他们存在椎骨移位时会担心焦虑。要知道大多数人都有颈椎排列不齐的情况,但却也不存在任何疼痛或者影响生活的问题。用彩绘笔标出位置的原因仅仅是为了帮助你在学习体态评估时发现差异,而这些差异可能为你之后的治疗提供有用信息。

第五步　肩膀高度

现在让我们看下受试者的肩膀，它们是否等高，是否存在高低肩？

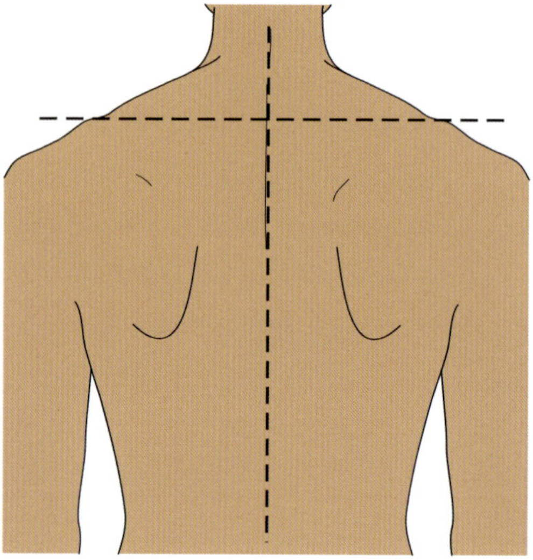

你的发现意味着什么

肩胛提肌和斜方肌上束缩短可能会导致高低肩。如果一侧的肩胛骨上抬，你可能会认为这侧的肩胛骨下角应该比另一侧高。但有趣的是，你怎么判断是这侧的肩变高了还是对侧的肩降低了？试试这个简单的动作：耸起肩膀，抬高你的肩胛骨，接着放松。再下压你的肩膀，接着放松。你觉得耸肩和沉肩哪个动作做起来更轻松？大多数人会觉得耸肩比较简单。因此如果受试者右肩偏高，那认为右边的肌肉相比于左边同部位的肌肉要更短更紧张是合理的。但凡事都有例外，如果受试者存在神经性疾病（如中风），那可能是因一侧身体的肌张力下降而导致肩下沉。

治疗师发现，对于大部分人而言，惯用肩会自然偏低且稍稍前伸。如果你惯用右手，那么右肩会稍稍偏低且前伸。

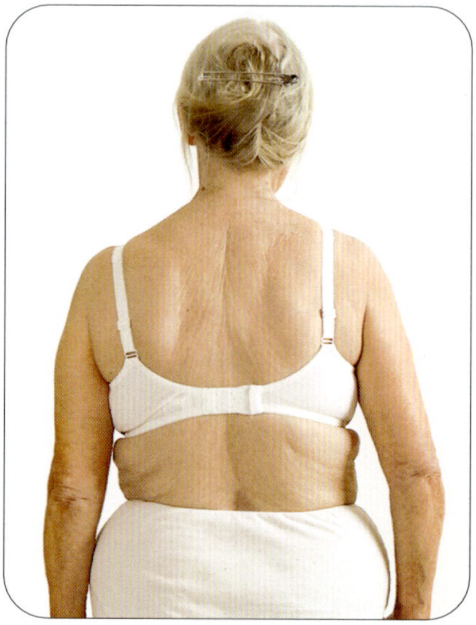

存在颈椎疼痛的受试者可能会不自觉地保护性地抬高他们的肩膀，以此来缓解不适感觉。图中这个妇女“很放松”地站立，注意观察她右手臂的位置，在过去她存在颈部疼痛的问题，但是在拍照前的几个月前就已经痊愈了。但我们仍能一致认为她的右肩偏高，并且脖子稍稍向右偏转。

第六步　肌肉体积和张力

你还需要观察双肩是否存在肌肉体积上的差异,你也可以在体态评估表中用斜线或阴影标记出存在肌张力异常的肌肉。

你的发现意味着什么

体力劳动者经常搬运、提起或是支撑重物的一侧身体肌肉可能会相对较强壮。同样,运动员的肌肉体积可能在惯用手侧更大。例如,对于右手射箭的运动员而言,他们的右侧菱形肌常常十分强壮,因为他们使用右臂拉弓,需要最大限度地收紧菱形肌以便收缩肩胛骨。相反的,观察那些有粘连性关节囊炎或者上肢制动的人,他们的患肩肌肉可能存在萎缩。

贴士　肩关节疾患会导致所有相关联的肌肉萎缩,这种现象在那些体脂较低且肌肉量较少的年长受试者中常见。你可以根据观察受试者的冈上肌和冈下肌是否存在萎缩情况,来判断受试者是否因为伤病或者其他原因减少了肩关节的活动。

第七步　肩胛骨的后缩和前伸

接下来，请观察受试者的肩胛骨内侧缘与脊椎的关系，来判断肩胛骨是否存在后缩或者前伸。除了经常运动的受试者以外，大多数人的肩胛骨会稍稍前伸，部分原因是他们坐时会倾向于驼背的姿势。

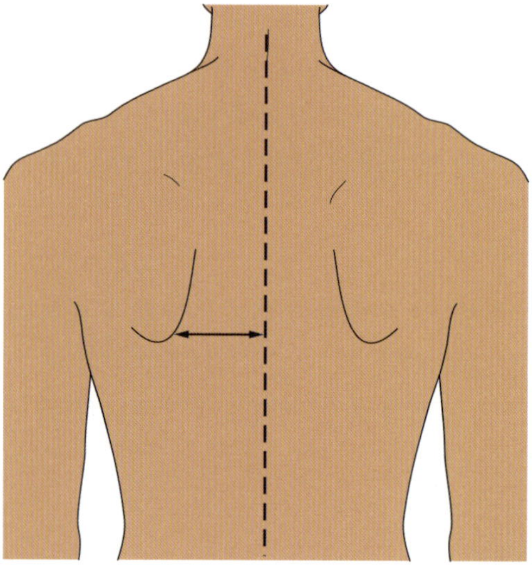

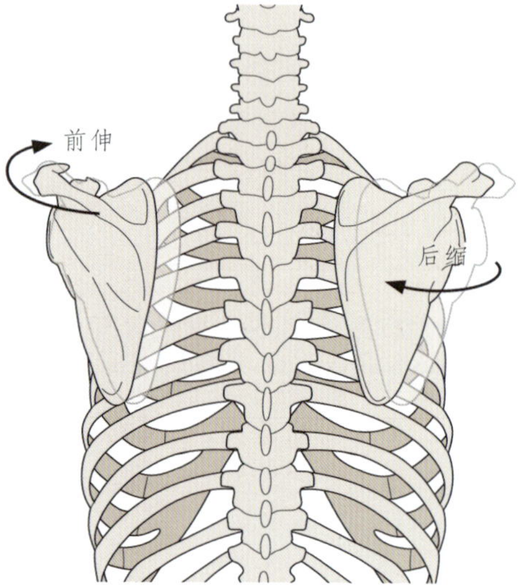

贴士　如果你不能观察到受试者的肩胛骨内侧缘，你可以通过触诊确定位置，或者你可以让受试者在你确定位置的时候把手背在身后，以此让肩胛骨更明显。但是这样一来肩胛骨就会移位，因此先在肩胛骨下缘的皮肤上画一条水平线，将更有利于你确定肩胛骨的位置。

你的发现意味着什么

在肩胛骨前伸的情况下，受试者常常伴随不良体态，双侧的菱形肌和斜方肌下束都处于被拉长且无力的状态。肩胛骨后缩不太常见，通常发生在受试者使用军姿站立时，即抬头挺胸，双肩下沉。此时双侧的菱形肌都会缩短。对于从事强调身体一侧收缩的运动项目，如标枪和射箭的受试者，可能会由于单边经常发力导致单侧的菱形肌缩短。观察从事两侧菱形肌收缩的运动受试者，如攀岩和赛艇，他们的双侧菱形肌可能都很强壮。

再考虑一下当肩胛骨旋转时内侧缘会怎样运动。当你做抬升动作时，内侧缘向上旋转，下角与脊椎外展角度增大，大菱形肌被拉长，小菱形肌和肩胛提肌被缩短。

当你做下旋动作时，内侧缘和下角向脊椎内收，缩短大菱形肌，拉长了小菱形肌和肩胛提肌。表 3.1 总结了这些信息，要注意的是表格里包括前锯肌，因为它与肩胛骨的内侧缘相连，处于肩胛骨前表面。想了解更详细的关于肩胛骨旋转的问题，可参见第九步的内容。

当对肩部(身体其他部位也是如此)进行评估时，不要根据疼痛部位妄下判断。例如，一个站立时肱骨内旋伴肩胛骨前伸的人，并不意味着肩胛骨区域的疼痛就是源于骨性结构的解剖位置。疼痛也可能是其他原因引起的，比如 Cloward 在 1959 年就证实了颈椎间盘问题会引起肩胛骨和上肢疼痛。

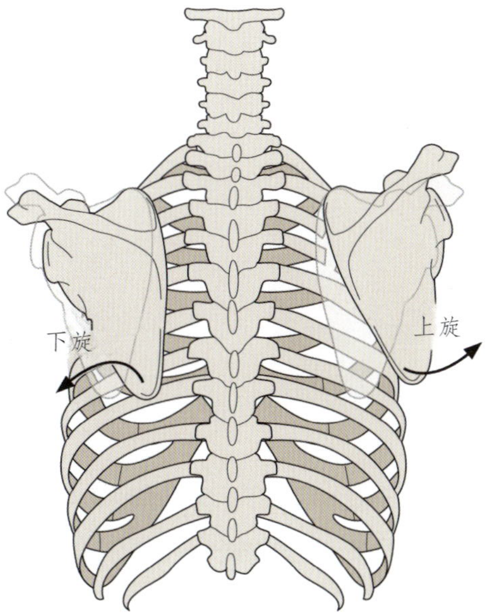

表 3.1　肩胛骨的位置对肌肉长度的影响

	上旋	下旋
肩胛骨内侧缘的位置	内侧缘和下角都沿脊椎外展	内侧缘和下角都沿脊椎内收
拉长的肌肉	斜方肌下束 大菱形肌 前锯肌	斜方肌上束 小菱形肌 前锯肌
缩短的肌肉	斜方肌上束 小菱形肌 前锯肌	斜方肌下束 大菱形肌 前锯肌

第八步　肩胛骨下角

还是关注于肩胛骨，确认并比较其下角的位置，它们是否等高？还是一高一低？如果有必要，你可以用彩绘笔在身上做标记。要记住肩胛骨可以像下图画出的一样会有上抬和下降，回头看下第 36 页的照片，你能看出那个受试者的右边肩胛骨上抬吗？

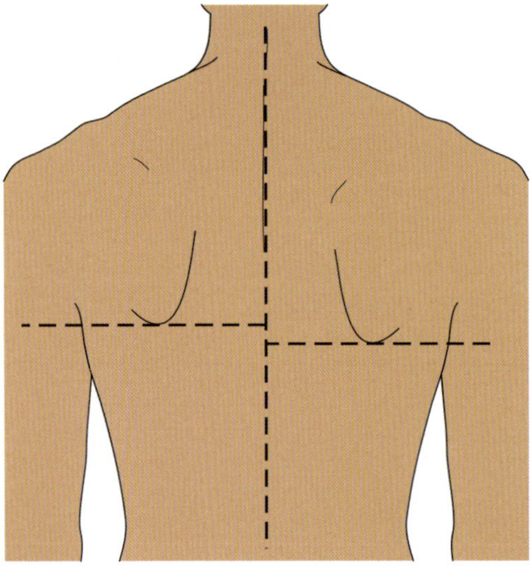

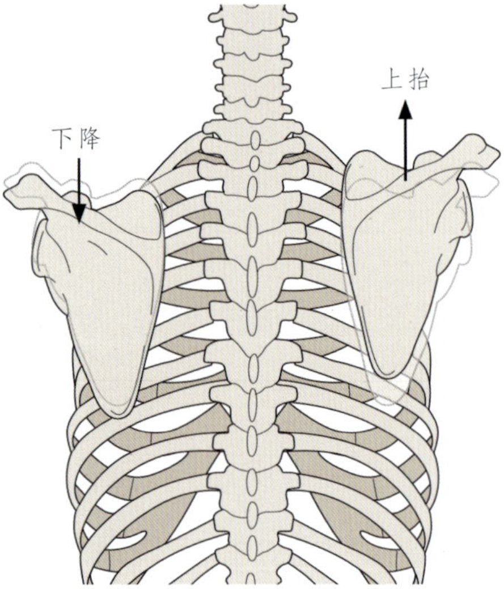

贴士　同样的，如果你无法直接观察到下角，并且想要触诊定位也很困难时，那么就让受试者将手背在身后，这样可以使骨头位置更明显。当你定位好位置后，让受试者把手放回原位以便你观察骨头位置。

你的发现意味着什么

如果整个肩胛骨抬高，那么下角必定也抬高了，而在抬高侧提肩胛肌会相对缩得更短。因此，如果你观察到受试者左侧肩胛骨下角高于右侧，那么这可能意味着左边的斜方肌上束和肩胛提肌相比右边的更短。

在进入下一步之前，请考虑若受试者肩胛骨上抬，那么在正面观中可能存在哪些问题，你可能会发现什么。例如当右边的肩膀抬升时，那右边的锁骨应该也会抬升，因为这两块骨头都与肩锁关节相连。

贴士　为了更好地体现这层关系，你可以用你的左手按住你的右边锁骨并耸肩感受骨头的位置变化。当然你也可以选择对着镜子进行观察。

第九步　肩胛骨的旋转

肩胛骨上旋描述的是关节窝向上的动作，而肩胛骨下旋则是表示关节窝向下的动作。你可以使用下图来帮助确定受试者是否存在肩胛骨旋转情况。

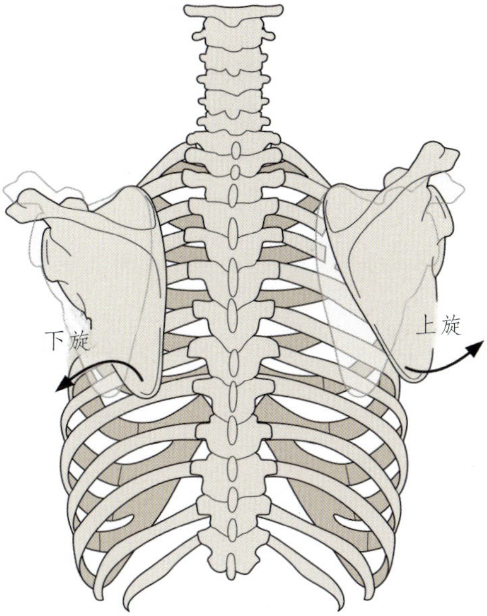

由此可见，肩胛骨的旋转不仅会带动和脊椎有关的内侧缘，还会改变肩胛下角的位置。因此，肩胛骨内、外侧的不同位置可能是由于肩胛骨的旋转造成的，而不仅仅是由于肩胛骨前伸和后缩导致的。同样，下角位置的不同可能是由于肩胛骨的旋转，但也不仅仅局限于肩胛骨的上抬和下降。

事实上，这些位置的移动不是单独进行的。肩胛骨上旋将会让肩胛上角回缩，下角前伸，而肩胛骨下旋则会使肩胛上角前伸，肩胛下角回缩。在这两种情况下，肩胛骨都是可以被上抬或者下压的。所以在体态评估之初，将你的评估过程按照部位分开来做是多么重要！

你的发现意味着什么

肩胛骨出现旋转是由于一部分组织紧张和另一部分组织松弛导致的。上旋说明肩胛提肌、小菱形肌和斜方肌上束紧张，而大菱形肌、斜方肌下束松弛；而下旋说明大菱形肌、斜方肌下束紧张，而肩胛提肌、小菱形肌和斜方肌中束和斜方肌上束松弛。这些信息可以参考第 39 页表 3.1。

第十步　翼状肩

在与肩胛骨相关的术语中，“翼状” 这个词被广泛讨论。除了已经描述过的六个动作，肩胛骨可以远离肋骨翘起，从而使下角突出(如右图)。图中是从右侧观察脊柱时处于正常位置和翘起位置的肩胛骨的状态。在这里可以看到肩胛骨内侧缘和下角尤为突出，这种状态时常被认为是翼状。但是，“翼状”这个词更精确描述的是当前锯肌无力，无法保持肩胛骨与肋骨的固定位置时，肩胛骨所呈现的状态。但这通常观察不到。

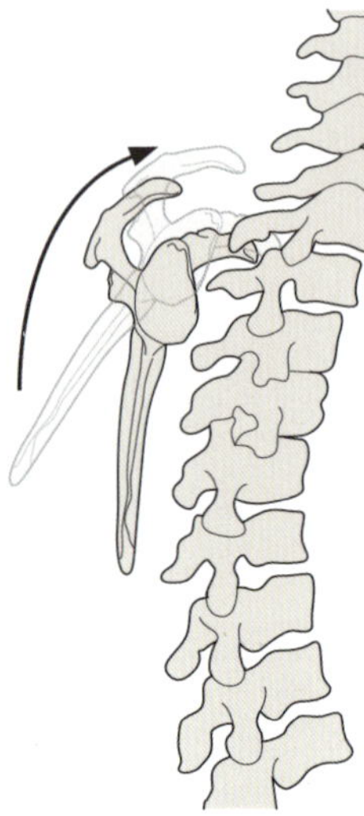

你的发现意味着什么

真正的翼状是由于胸长神经或者肌肉本身受损造成的。显然，这不是很常见的情况，但是当与肩胛骨前侧相连的肌肉缩短，会导致肩胛骨前倾，从而使得下角突出。因此，体态评估背面观可以为身体前侧软组织的状态提供线索。

肩胛骨移动小结

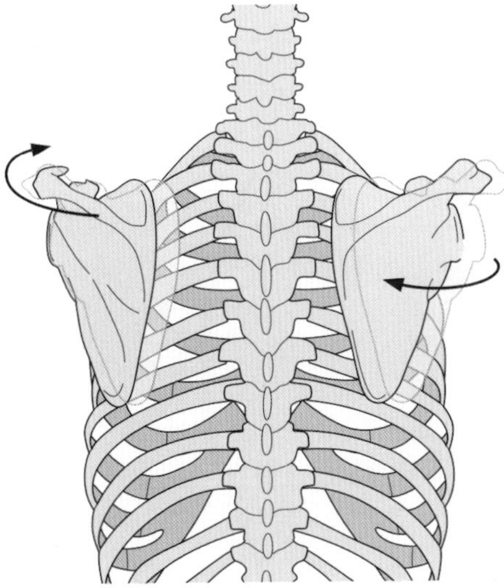

前伸和后缩

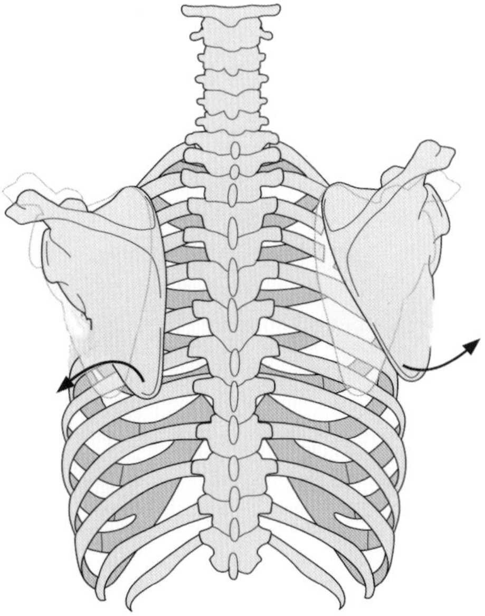

上旋和下旋

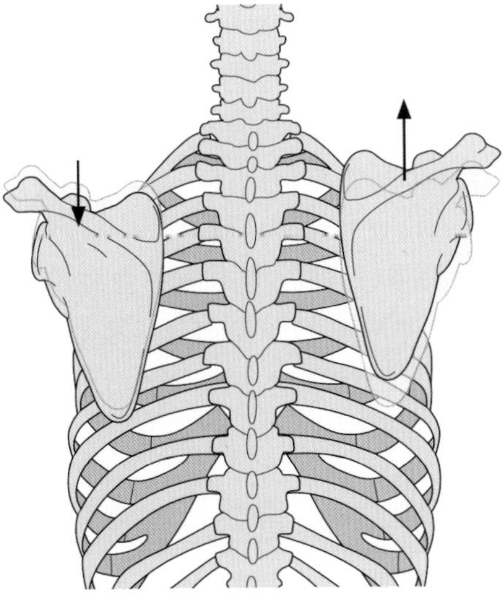

上抬和下降

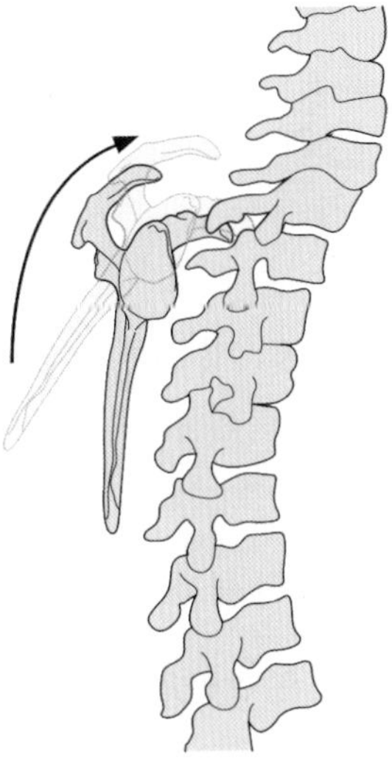

翘起

第十一步 胸椎

现在将注意力转向胸椎，观察它是否笔直，是否有任何脊椎侧弯（如下方右图）的表现。如果有必要，可以触摸胸椎的棘突，像触诊颈椎一样标记出每一节椎骨的位置，但请记住我们当中的一些人会存在脊柱偏离垂直位的问题。

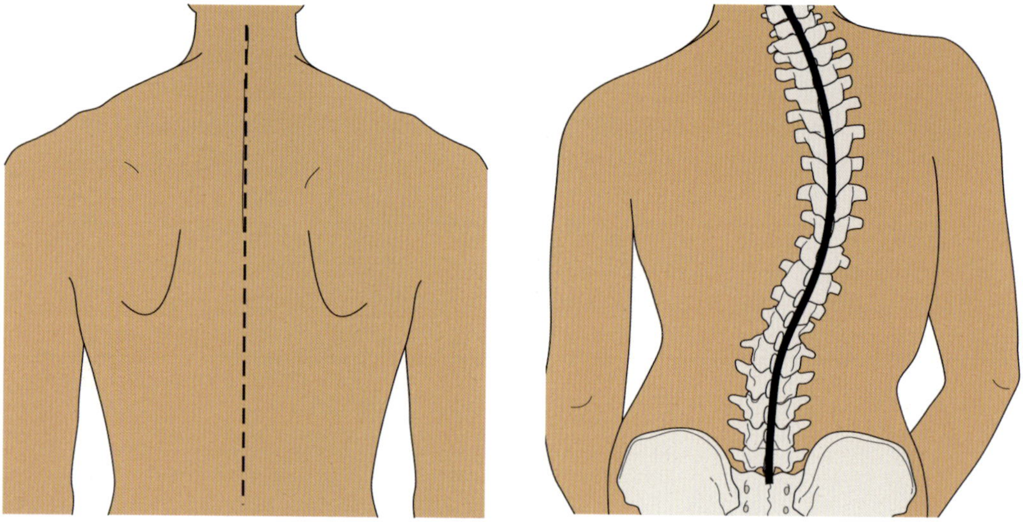

贴士 这里有个小诀窍：如果你不想用彩绘笔，那么可以在不刮伤受试者的前提下用你的指甲沿着脊椎的一侧轻轻滑下，留下一条浅浅的红色痕迹。然后站在受试者身后来观察你画的记号是笔直的还是有偏离的。

在侧面观体态评估时你将会对脊椎有更多的了解，如驼背变形和脊柱前弯症。虽然如此，在你刚接触这个部位区域时，需要根据你的第一印象记录下受试者是否存在驼背或平直背问题。

你的发现意味着什么

请记住会有多种原因导致脊柱侧弯，可能是因为先天原因、受伤或生物力学改变，或者由于长短腿等问题造成了骨盆倾斜，脊椎被迫代偿而导致侧弯。针对不同成因的处理方式也是不同的，你不可以妄下定论认为拉伸脊椎凹进去关节面的软组织就能够解决问题。和颈椎一样，整体椎骨的弯曲角度和偏离位置能帮助解释该区域的疼痛问题。所以能够发现受试者存在脊椎侧移是很有用的，虽然这并不意味着你就能够治疗这个问题,况且有时治疗压根就没有必要。

贴士 如果你观察到受试者存在脊椎侧弯,你应该谨慎决定是否要将这个信息告诉他。因为有些人对于脊椎直不直过分在乎,但他们侧弯的脊椎可能和他们来找你诊断治疗的问题根本没有关系。

第十二步　胸廓

现在请观察胸廓的位置，它与受试者的头部和骨盆的位置关系如何？是否存在旋转或者向一边倾斜？

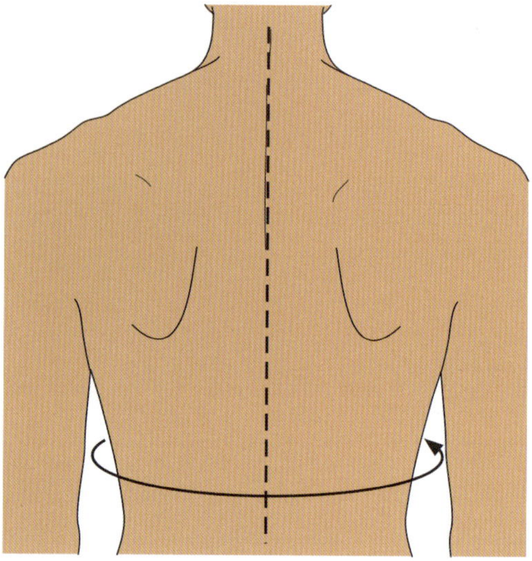

贴士 理解头部、胸腔和骨盆之间关系的一个方式是将它们想象成三个会互相影响的方块或圆柱体。胸腔可以被看成是在头部（圆柱体）和骨盆（长方体）之间的一个圆柱体。这些结构不仅仅可以旋转，还可以从一边平移或侧滑到另一边，就好像孩子们玩的积木玩具一样。

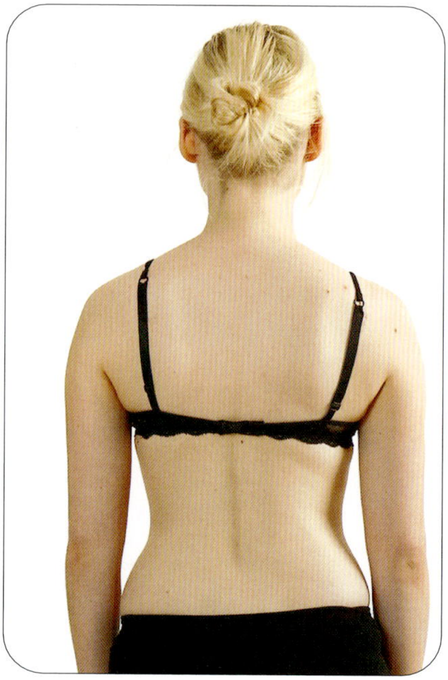

在这张照片中，右肩胛骨的内侧缘比左肩胛骨更加明显且靠近观察者。这说明受试者的躯干可能呈顺时针扭转。

你的发现意味着什么

不仅仅是与胸口相连的肌肉，许多其他肌肉也能影响胸廓的旋转。表 3.2 总结了当躯干的位置发生旋转时肌肉长度会发生怎样的变化。如果你对包含颈部的肌肉感到困惑，那么请对着镜子向一个方向转动身体，你会发现你的颈部肌肉必须被拉伸，以此确保头部面向正前方。

表 3.2 躯干旋转时对应的肌肉长度

	向右旋转	向左旋转
被缩短的肌肉	右侧腹内斜肌	左侧腹内斜肌
	左侧腹外斜肌	右侧腹外斜肌
	左侧腰大肌*	右侧腰大肌*
	左侧腰部竖脊肌	右侧腰部竖脊肌
	颈部向左旋转的肌群	颈部向右旋转的肌群

*近期的研究发现腰肌不仅仅只是旋转肌，相比旋转而言，更多地参与保持脊椎稳定的功能。

第十三步　皮肤皱褶

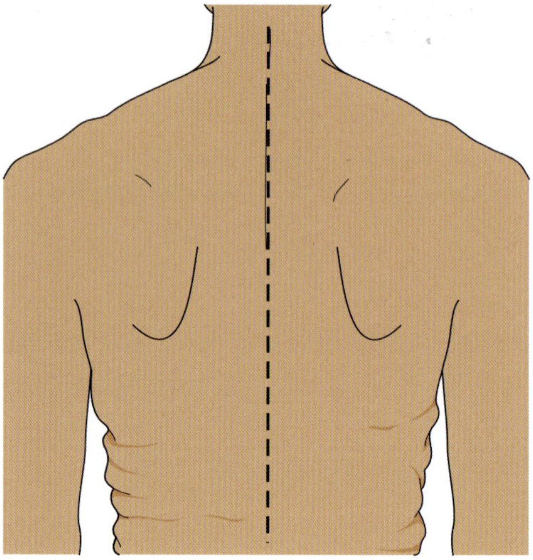

观察受试者是否存在身体一侧的皱褶比另一侧更多、更深是很有用的。这个步骤讨论的关键不在于皮肤是否存在皱褶，因为对于体脂肪低的受试者，他们可能压根没有皱褶；但对于体脂肪较高的人群就会有很多。这部分需要观察的是身体的两侧皱褶是否存在差异，以解释深层结构发生了哪些变化。

你的发现意味着什么

当我们向一侧做侧屈时，会拉长对侧的组织而压缩弯曲侧的组织。这将会加深弯曲侧的身体皱褶。

贴士　让受试者向右倾斜(向右侧屈)，观察其身体右侧的皮肤皱褶有什么变化。

腰方肌是脊椎侧屈时极为重要的一块肌肉，在身体右侧观察到更多更深的皱褶可能意味着该侧的腰方肌呈缩短状态。

第十四步 上肢的位置

现在我们观察上肢，比较受试者双侧手臂与身体间的空隙是否大小一致。你是否能发现下面两张照片中的人，在处于自然放松的状态时左侧手臂与身体间的空隙要比右侧的大吗？

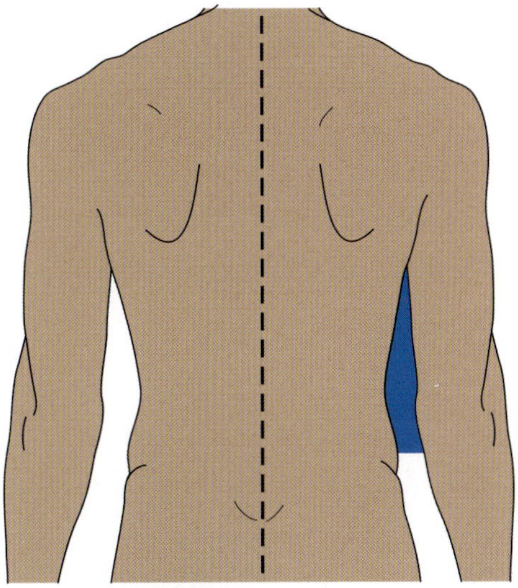

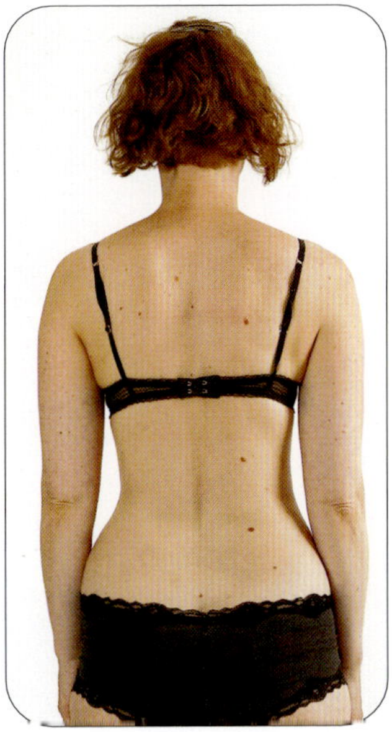

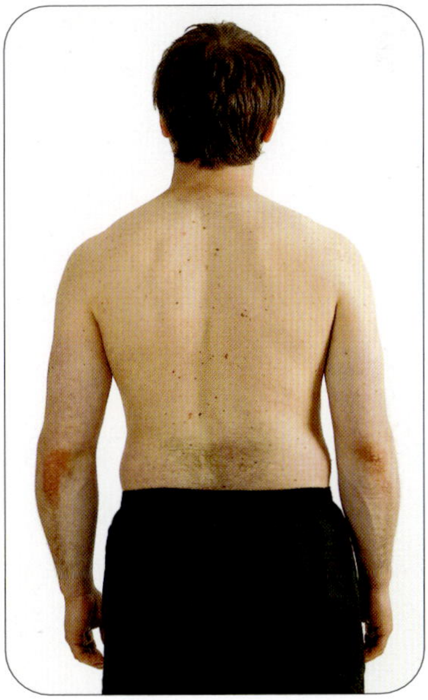

你的发现意味着什么

对于照片呈现的问题，这里给出了三种可能的解释：

- 与身体距离更大的手臂外展的幅度更大，这是否由于冈上肌和（或）三角肌比对侧肩膀的肌肉短呢？
- 受试者躯干侧弯向一侧，可能是弯曲侧的腰方肌相对更短。
- 受试者弯曲侧的髋关节上抬，骨盆向上向外倾斜。

贴士 你可以站在镜子前，自己尝试将手臂自然垂在身体两边，放松右臂并向右侧弯，你会发现你右臂与身体的空隙变大了。

第十五步　肘关节的位置

观察受试者的肘关节。要重视手肘的观察，原因有两个：第一，受试者的手肘是否等高(图 a)通常与受试者是否有高低肩，或者向一侧侧屈有关。第二，观察肘关节的位置可以有助于判断受试者是否存在盂肱关节内旋问题(图 b)，这和定位受试者手的位置一样(参考第 51 页的第十六步)。肱骨内旋可能由于软组织受到撞击而导致肩膀疼痛。

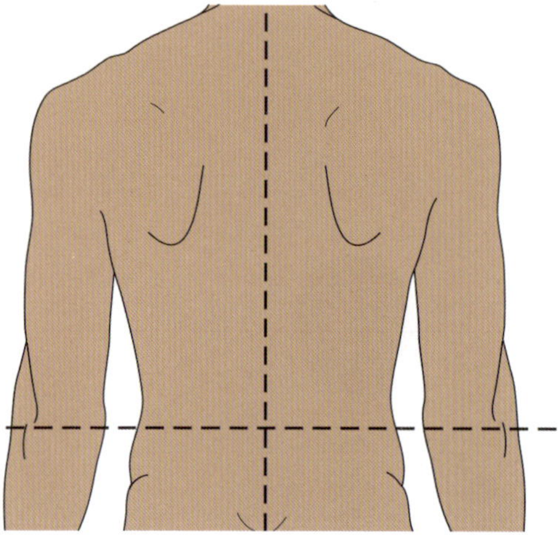
a

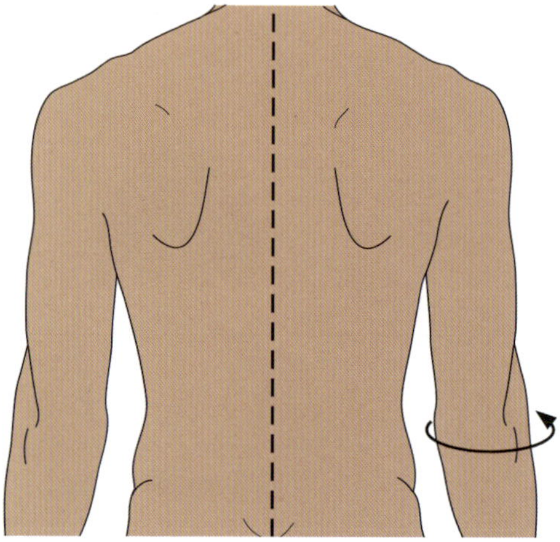
b

贴士　让受试者屈曲肘关节并在鹰嘴处用彩绘笔标出小点，接着让受试者放松双臂，比较双侧肘关节的位置。再要求受试者刻意内旋一只手臂，观察该侧手肘的移动情况。

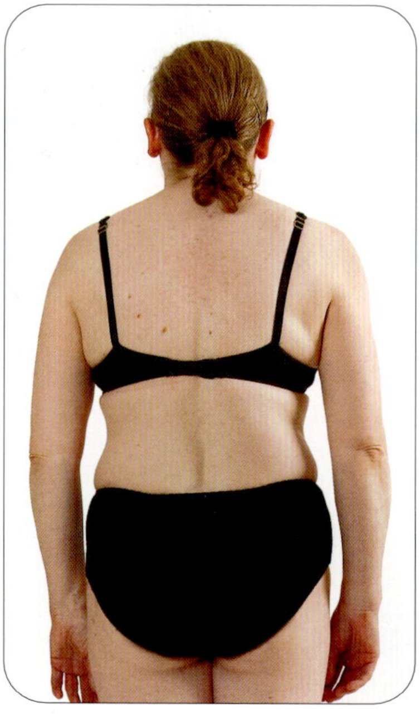

照片中的受试者的左侧肩膀呈现内旋状态。

你的发现意味着什么

肱部内旋会导致如肩胛下肌、胸大肌和大圆肌变短的情况。

第十六步　手的位置

观察受试者手的位置和你能够看到手掌的大小。

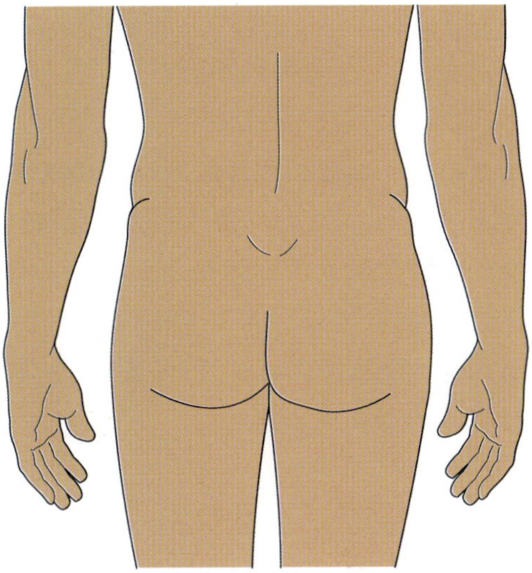

贴士 要记住手肘或者手腕（抑或两者）的旋前肌或者旋后肌缩短，都可能影响人在站立时手的位置。

你的发现意味着什么

你能看到的手掌越多，则表示肱骨的内旋越多。此外，了解受试者存在内旋的肱骨问题可以有助于解释肩部疼痛的原因。回过头再看下第 50 页的照片，受试者很好地演示了这个体态。

第十七步 其他所需的观察

最后，在我们转向下肢部分之前，请记录下其他你观察到的情况，例如伤疤、胎记，或是皮肤上的异常斑点。此外，你还应该记录下其他很明显的影响体态的信息，比如一条手臂绑了石膏，或者鹰嘴窝滑囊明显水肿等。图中的这位男性由于最近摔倒导致背部存在大面积瘀青，他在评估时穿着背心，这样很明显会影响观察过程。

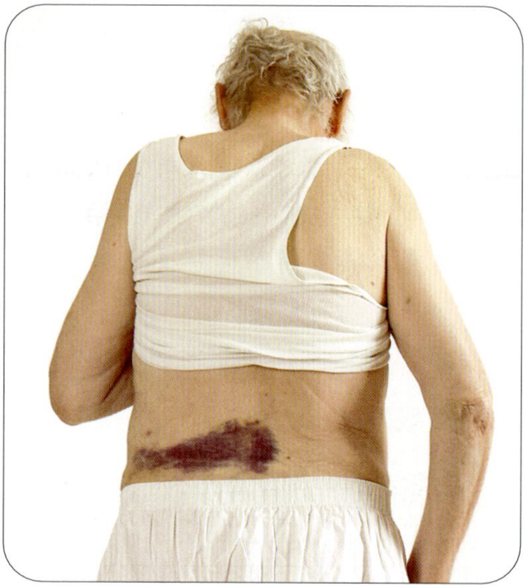

为了获得尽可能多的有效信息，最好让受试者穿着内裤或者运动短裤、赤脚，你站在其背后进行观察。

第一步　腰椎

腰椎是否笔直，是否有脊椎侧弯？虽然判断脊椎弯曲弧度最好是从侧面观察，但是从背面观察可以得到第一印象：受试者是否存在前弓或平直？

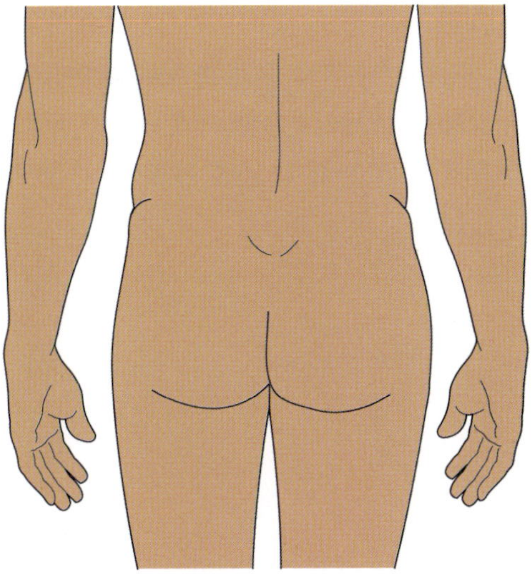

观察下面两张照片，你能发现她们的脊椎都不是正直的吗？观察她们腰间的皮肤皱褶，是否右边的皱褶稍稍深些？

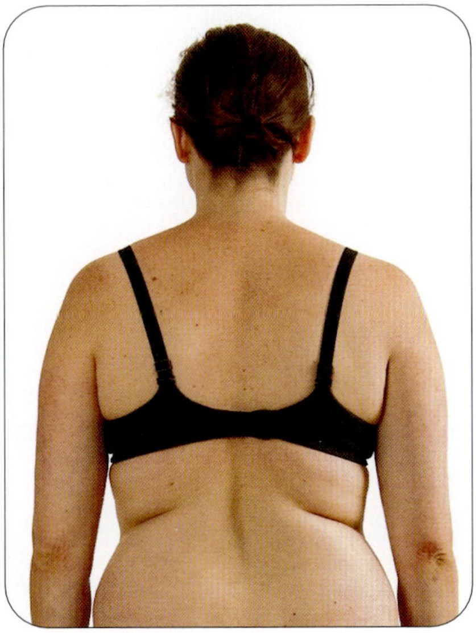

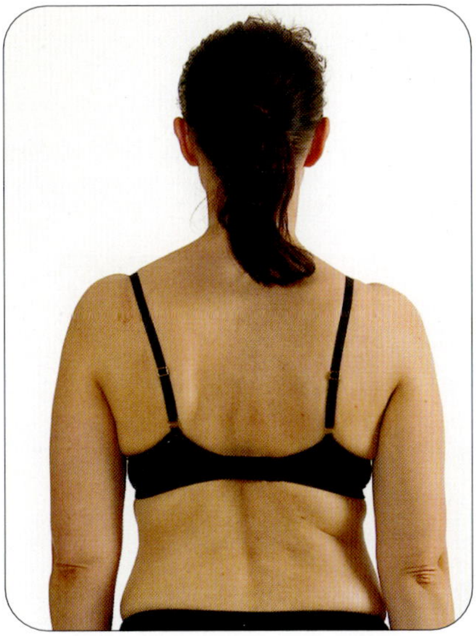

你的发现意味着什么

这些曲度可能暗示许多问题，包括近期的伤病，如椎间盘突出、肌肉痉挛、脊椎侧弯、肌肉不平衡，或者由于骨盆一边上升导致的侧弯。

第二步 骨盆轮廓

许多有经验的治疗师认为无论上半身还是下半身的体态不平衡情况，都可以通过调整骨盆回到中立位置来改善。一些评估者十分重视观察骨盆位置的步骤(有些部分为侧面观评估)，因此检查受试者的骨盆是否等高或者是否存在倾斜是很重要的。

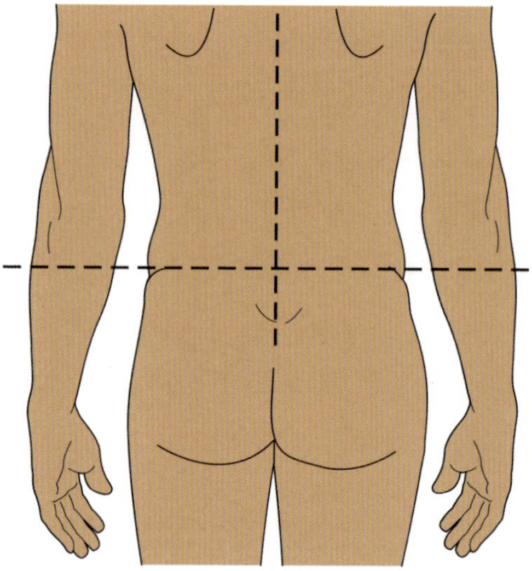

贴士 如果你是体态评估新手，那么判断骨盆是否等高的一个好方法是坐或者蹲在受试者的身后，轻轻把手放在受试者腰间。从腰部触到髂嵴，判断骨盆左右侧是否等高。

图 a 显示正常的骨盆，图 b 显示的骨盆右侧向上倾斜，左侧向下倾斜。

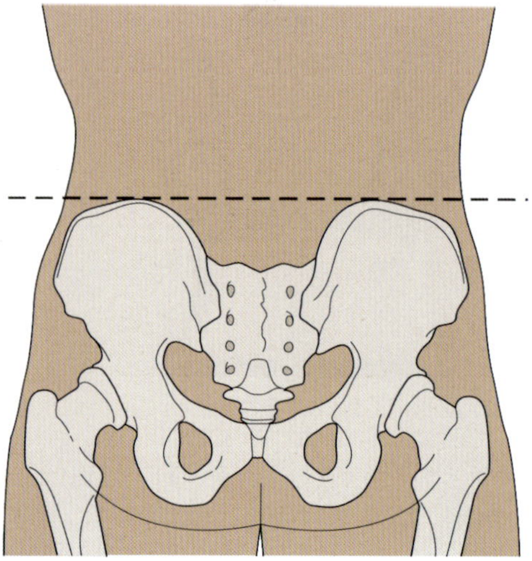

a

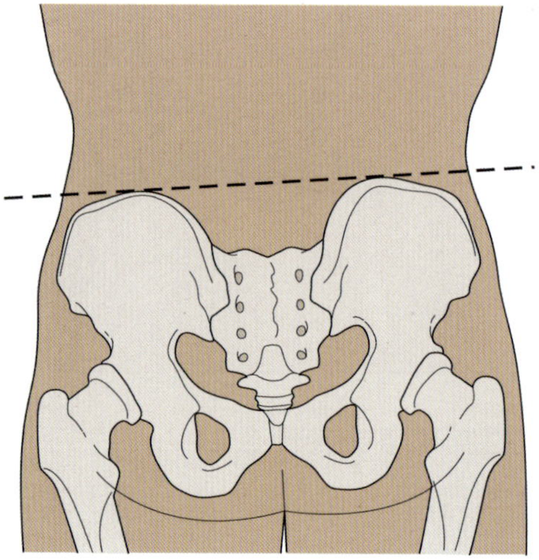

b

贴士 您可以站在镜子前，双脚平放于地面上，来感受骨盆倾斜是什么感觉。假设您的膝盖绑着石膏不能弯曲，那把手放在髋关节上，缓缓抬起你右侧足跟，保持足尖着地。这样就能够感受到右侧骨盆抬高的状态，此外腰椎也会向右倾斜来配合这个姿态。

你的发现意味着什么？

为了配合右侧抬升的骨盆，受试者会代偿性地增加腰椎右倾的幅度，这可能会导致右侧产生更多且更深的皮肤皱褶。因此右侧腰方肌和右侧部分腰竖脊肌可能会缩短。此外可能存在右髋内收、左髋外展情况。因此受试者骨盆右侧抬升，可能伴随左侧髋外展肌群和右侧髋内收肌群缩短的情况。

贴士 为了让你更好地理解骨盆侧移对于髋关节的影响，我们现在把骨盆想象成一个有两条腿支撑的平台（Levangie and Norkin，2001），并且这两条腿可以随意地左右摆动（即外展或者内收）。现在让我们设想把平台按左下右上的角度倾斜，那么两条桌腿会有什么变化？当然它们还是会保持直立，只是你需要观察它们与平台之间的夹角的变化情况（这代表的是大腿骨与髋关节的关系）。右腿内收即大腿骨与髋关节内侧夹角减小，左腿外展即大腿骨与髋关节外角也减小。

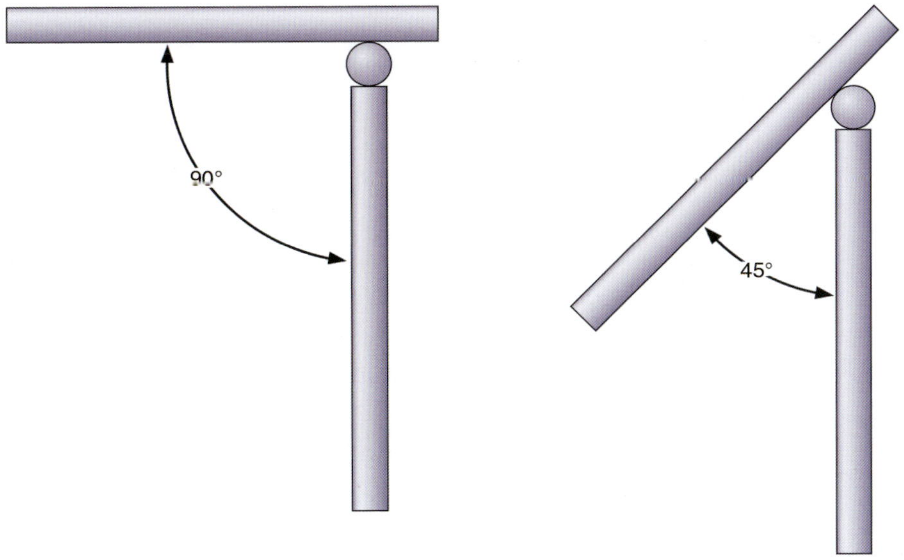

一个长短腿的人可能有骨盆倾斜的问题。

现在请观察坐骨，你能否发现右图中坐骨上抬的问题？这样的状态对于腘绳肌会产生什么影响？如果此人的膝关节是等高的，那么是否意味着他的左侧腘绳肌比右侧的要短？

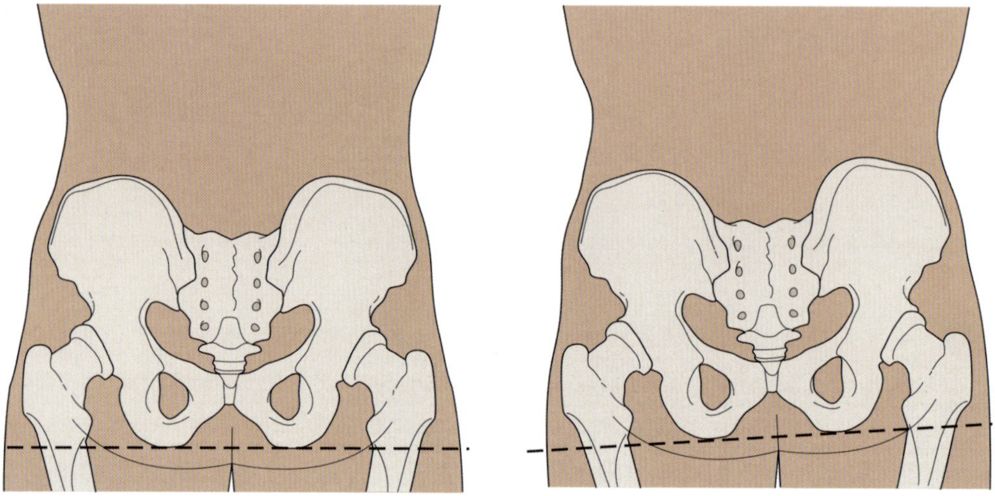

表 3.3 总结了这些影响。

表 3.3　骨盆倾斜可能产生的影响

	骨盆右侧上抬	骨盆左侧上抬
腰椎	向右侧弯，凹向右侧	向左侧弯，凹向左侧
腰部肌肉	右侧腰方肌和腰部竖脊肌缩短	左侧腰方肌和腰部竖脊肌缩短
对髋关节的影响	右侧髋关节内收，左侧外展	左侧髋关节内收，右侧外展
对臀部肌肉的影响	右侧髋内收肌群和左侧髋外展肌群缩短，左右腘绳肌不平衡	左侧髋内收肌群和右侧髋外展肌群缩短，左右腘绳肌不平衡

贴士　你需要知道另外一个对于脊柱区域触诊很有用的信息，即髂脊与第四腰椎在同一水平线。

第三步:髂后上棘

对于有腰窝的人而言,髂后上棘直接位于腰窝之下。用大拇指感受髂后上棘是否等高也是一个在站立位时确定骨盆是否倾斜的方法。照片中,受试者的腰窝显示其右侧髂后上棘比左侧的位置高,你认为其脊椎是笔直的还是稍稍向右上倾斜呢?

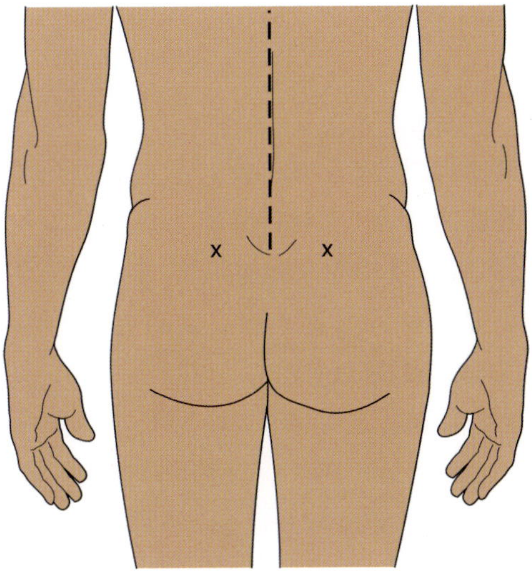

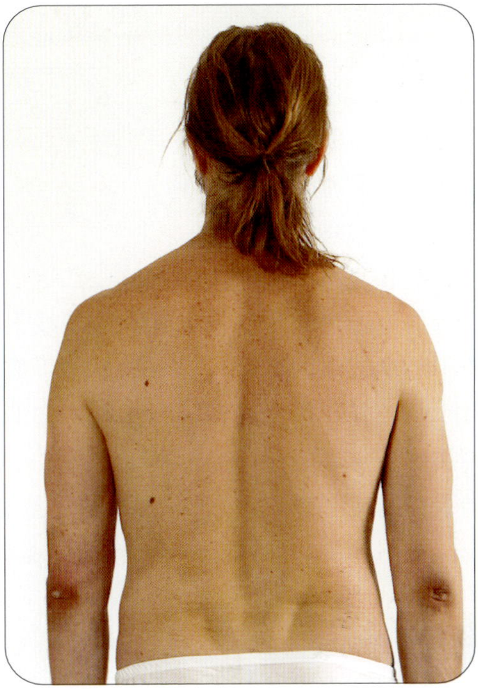

你的发现意味着什么

如果你同意左右两侧的髂后上棘应该处于同一高度,那么当你观察到一边略高时,就意味着骨盆存在侧倾问题。

第四步 骨盆旋转

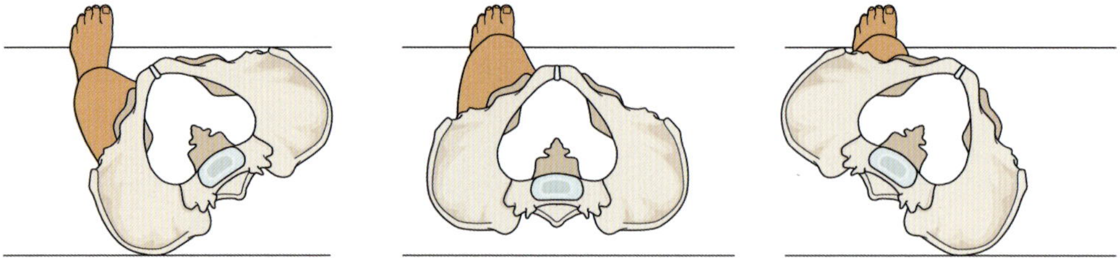

a　　　b　　　c

a. 骨盆逆时针旋转(向左)。

b. 正常骨盆位置。

c. 骨盆顺时针旋转(向右)。

如果把骨盆看成穿在脊椎这条线上的珠子,骨盆相对于脊椎旋转的方式就好像珠子相对于线的旋转一样。把你的手放在受试者的骨盆上,看看你能否确定骨盆相对于腰椎是否产生旋转。为了证实你的发现,你需要使用附录里的评估表对受试者的侧面和正面进行观察。如果骨盆顺时针旋转,那右侧的骨盆会比左侧的更靠近你;如果骨盆逆时针旋转,那么左侧的骨盆就会比右侧的更靠近你。

上图表示的是很明显的旋转,但现实中,这样的旋转是很细微的。

贴士 判断骨盆的旋转问题,你可以想象受试者站在前后两面镜子之间,一侧的髂后上棘是否比另一侧更加靠近身后的镜子?

你的发现意味着什么

如果受试者骨盆顺时针旋转,那么右侧内斜肌和左侧外斜肌可能缩短。如果骨盆逆时针旋转,那么相反的情况就会发生。

骨盆的旋转还会影响足踝关节和膝关节,第 5 章将会详细讲述这部分内容。

第五步 臀横纹

臀横纹并不总是可以且能够观察到的，因为它连着大腿近端，所以当受试者穿着短裤或者骑行裤时，将无法观察到臀横纹。

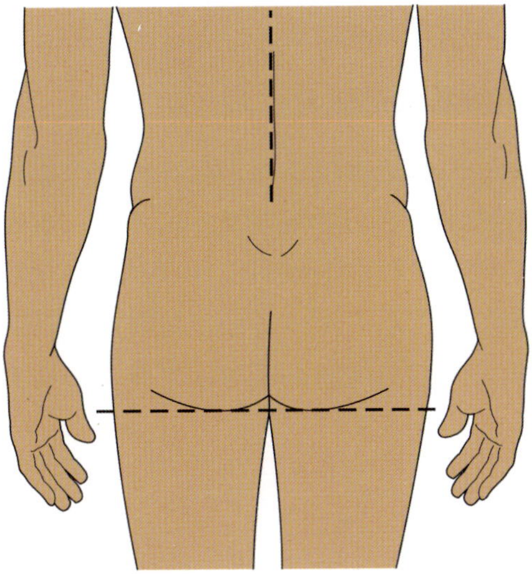

贴士 臀横纹是由包覆在臀部肌肉之外的脂肪形成的，它并不能说明臀大肌下束的位置。

一些治疗师会选择触摸坐骨结节来确认骨盆是否处于水平状态。但是，如果你对于这个区域的触诊不是很熟悉，那么你可能会触及受试者的隐私而不适宜做这一步的评估。

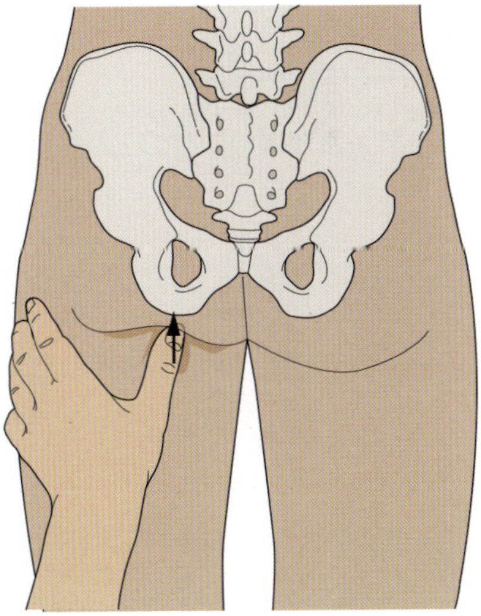

照片中的这位女士很好地展示了臀横纹高度不一的问题,此外再观察她的内裤位置,你是否觉得她的右侧骨盆比左侧的要高些?

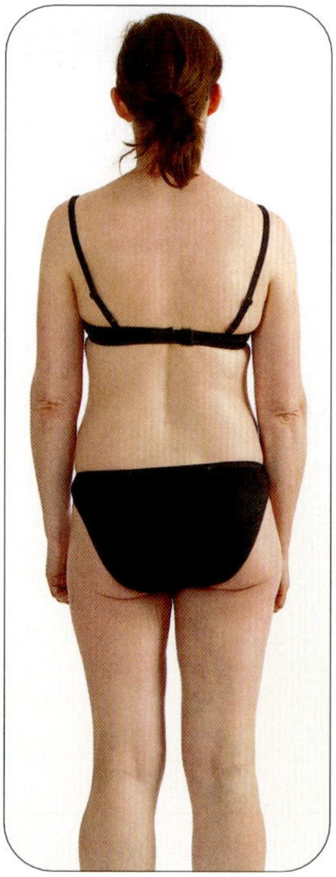

你的发现意味着什么

身体承重较多的一侧臀横纹可能会更深。这对于骨盆倾斜的人而言即是如此,就像第二步中讲到的,若受试者右侧的骨盆向上倾斜, 那么他左侧的臀位线将相对更深。腿的长度不一致是否也会对臀横纹高度产生影响?下图展示了不同长度的下肢对于臀横纹的影响。

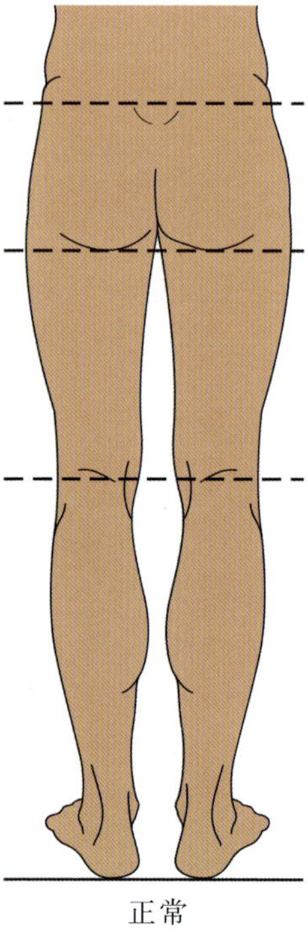

正常

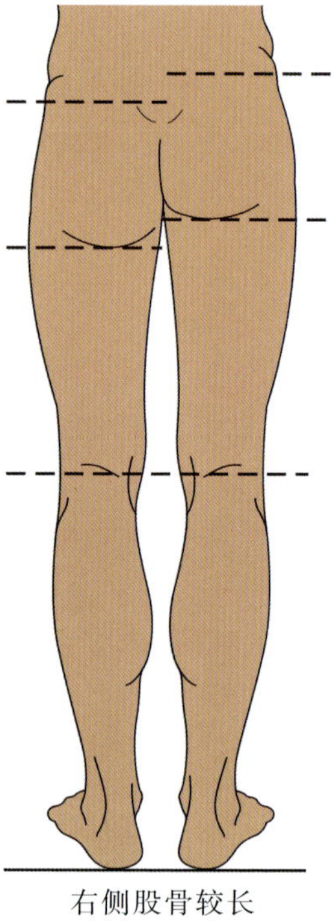

右侧股骨较长

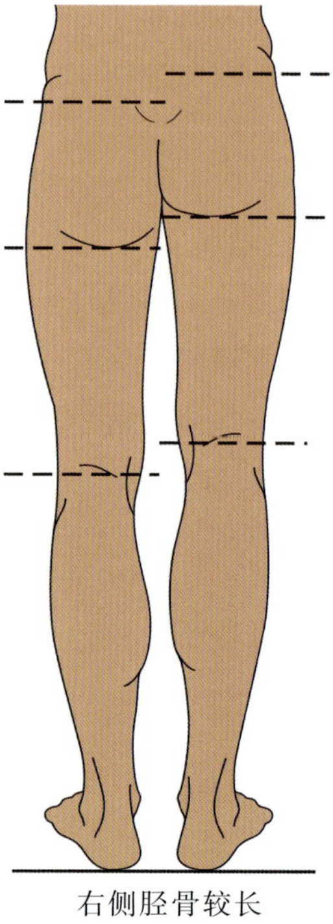

右侧胫骨较长

观察一下上面三张图, 你认为此人的腘横纹等高吗? 是否由于右侧的股骨和(或)胫骨,共同作用导致了右侧骨盆向上倾斜?

第六步　大腿肌肉体积

比较下受试者左右的大腿肌肉体积是否一致？

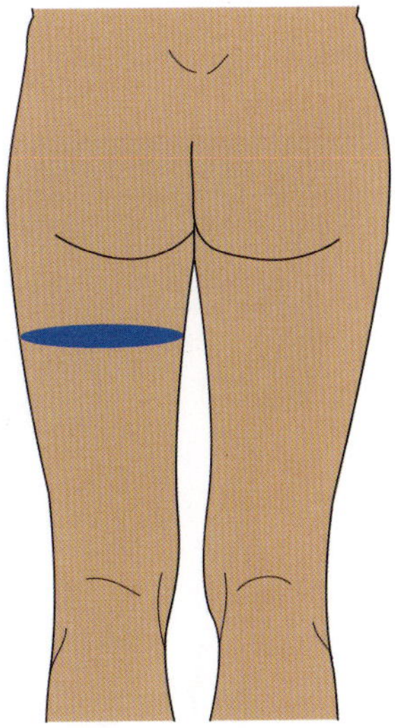

你的发现意味着什么

大腿一边的肌肉体积偏大说明受试者可能倾向于更多地使用该侧肌肉，除此之外，还可能是因为该侧的淋巴循环较差导致的，例如淋巴水肿的患者。另外，肌肉体积减小还可能是由于疾病或者制动，产生肌肉萎缩导致的。

贴士　对于一条腿、一只脚或一侧踝受伤的受试者，他们受伤一侧的大腿肌肉量减少可能就是由于他们更少使用该条腿导致的。此外，他可能会伴随着对侧肌肉量增加。例如，一个右跟腱撕裂伤的受试者，可能存在右小腿肌肉量减少、左小腿肌肉量增加的情况。

第七步　膝内翻和膝外翻

请快速观察受试者膝关节整体形态和线性排列。

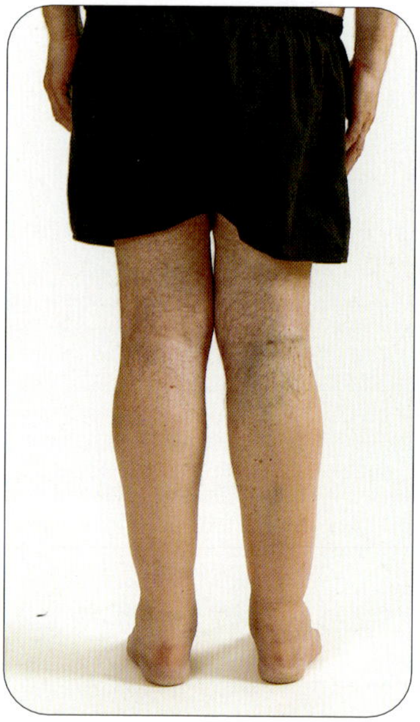

a

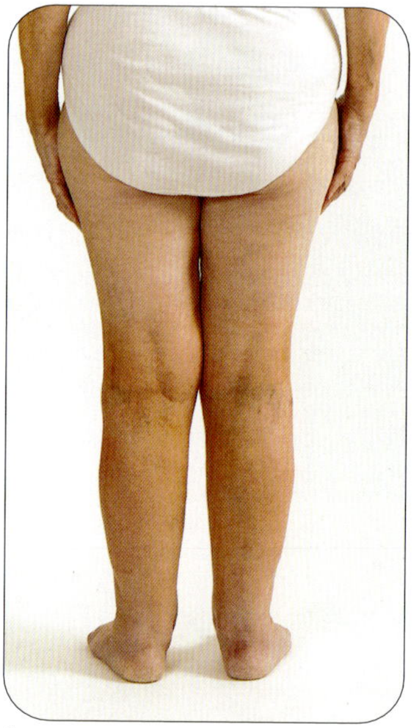

b

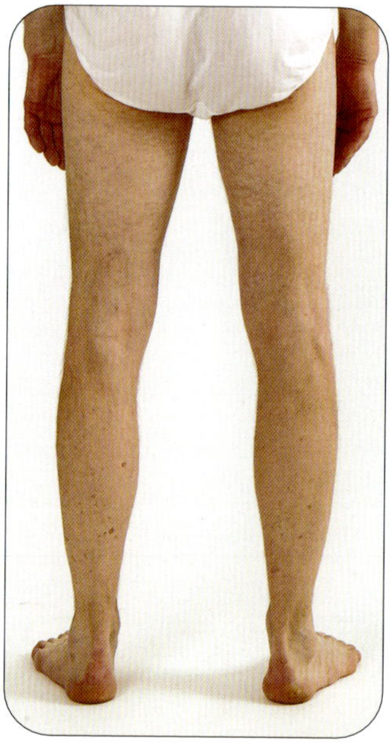

c

图 a 中存在轻微右膝外翻的情况。

图 b 中存在轻微左膝外翻的情况。

图 c 中存在轻微右膝内翻的情况，观察右胫骨是否可能存在弯曲。

你的发现意味着什么

一些情况下你能观察到膝内翻，而在另一些情况下你会发现膝外翻。你可以在第 114 页体态评估正面观中下半身的第五步获取更加详细的信息。

第八步　膝关节后侧

请观察膝盖的后侧是否存在任何异常。你最好先确定受试者的膝盖是否处于中立位、是弯曲还是超伸的状态？这最好通过侧面体态评估来完成。此外，你还可以通过观察腘部位的凸显程度来判断膝盖的位置，以及确认是否存在水肿或者滑囊炎的问题。

你的发现意味着什么

如果你发现膝盖后侧皱褶比正常情况下更深，这可能说明受试者的膝盖处于弯曲状态。如果膝盖后侧隆起，可能伴有腘肌稍稍外凸，也可能膝关节处于超伸状态，滑囊炎会有显著的突出物。

第九步　小腿肌肉体积

观察下受试者小腿肌肉的形状和体积的大小。它们的围度是否一致？还是一边的肌肉比另一边更发达？

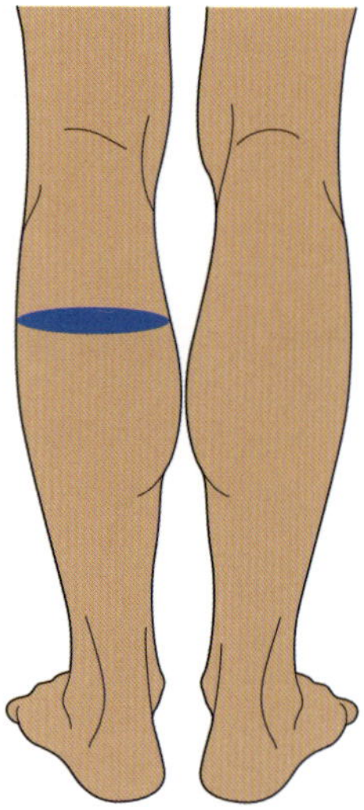

你的发现意味着什么

和第六步中对大腿肌肉的分析一样，肌肉较为发达的一侧表明这一侧承重量和使用度更大。而小腿肌肉相对较弱的一侧可能使用较少或者存在萎缩，通常在久病或不活动之后发生。

贴士　你可能会发现在小时候踝关节或胫骨骨折过的人，受过伤的一侧小腿肌肉偏小。这是由于童年时腿部负重量减少影响了肌肉和骨头的发育。尽管这是很微妙的，当受试者将重量转移到之前受伤腿时，你可以观察到他们会在潜意识下有一点点不情愿。

第十步　小腿中线

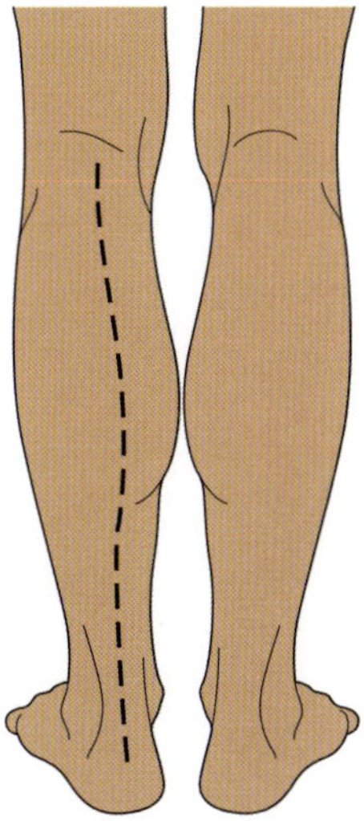

请想象有一条线从腘横纹向下延伸到跟腱，垂直穿过受试者小腿中点。如果有必要，你可以用彩绘笔画出这条线，再比较左右两侧小腿，以及它们与身体中垂线的关系。

贴士 了解臀部旋转如何影响小腿位置的一种方法是，在受试者的小腿上画上一条垂直的线，站在受试者身后并让受试者改变髋关节位置从而观察这些线的对应变化。让受试者在一只脚内八字站立的情况下比较该条小腿上的线和另一条腿上的差别，你会发现那条线偏离身体中线向外移，这是由于受试者需要内旋髋关节来保持内八字站立而形成的。然后要求受试者将一只脚呈外八字状态站立，此时相反的事情发生了，小腿的中线会向内转，进而靠近人体中垂线，这是由于受试者髋外旋肌收缩导致的。

你的发现意味着什么

上述小贴士中的实验表明，不处于中间而是偏外侧的小腿中线可能是由于一侧的髋关节内旋，或者该侧胫骨相对于股骨内旋导致的。无论哪个原因，受试者脚都会处于内八字站立的情况。当小腿中线处于偏内侧的位置时，相反的状态就会发生：该侧的髋关节外旋或者胫骨相对于股骨外旋，这种情况下，受试者可能是外八字的形式站立。表 3.4 总结了以上信息，指出脚在内旋或外旋的情况下，对髋关节肌群的影响。

如果有人因为髋关节问题来找你，先让他做体态评估是很正确的选择。因为由此可以暴露一部分肌肉群的缩短状态，接下来需要针对紧张程度进行测试。记住分辨出是由于髋部肌肉不平衡还是胫骨扭曲导致的小腿位置不正是很重要的，因为您的治疗处方需要因“症”而异。

表 3.4　小腿中线位置对应于脚和腿部肌肉的影响

	小腿中线外斜	小腿中线内斜
髋关节和(或)胫骨的位置	髋关节和(或)胫骨呈现内旋状态	髋关节和(或)胫骨呈现外旋状态
脚的位置	有时受试者呈内八字站立	有时受试者呈外八字站立
可能被缩短的肌肉	髋关节内旋： 臀小肌 臀中肌(前束纤维) 内收肌 耻骨肌 股薄肌	髋关节外旋： 臀大肌 臀中肌(后束纤维) 梨状肌 股方肌 闭孔肌 上孖肌、下孖肌 腰大肌* 缝匠肌

*近期的研究发现腰肌不仅仅只是旋转肌，相比旋转而言，更多地参与保持脊椎稳定的功能。

第十一步　跟腱

请观察跟腱和跟骨的位置。如果有必要，可以画一条线沿着跟腱向下，越过跟骨到地板。然后站在受试者身后观察你画的线，跟腱是笔直的、向外凸的还是向内凹的？脚是呈外翻还是内翻状态？

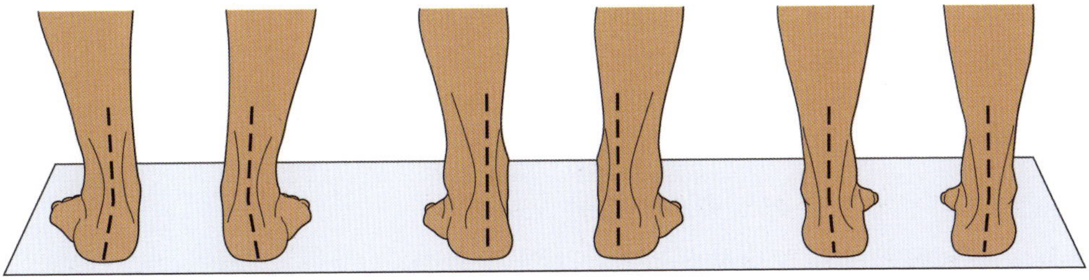

下面是来自三名受试者的六只脚踝。在体态评估的过程中，你需要观察受试者跟腱的不同形状、跟骨的位置、踝关节的位置和脚的站位。

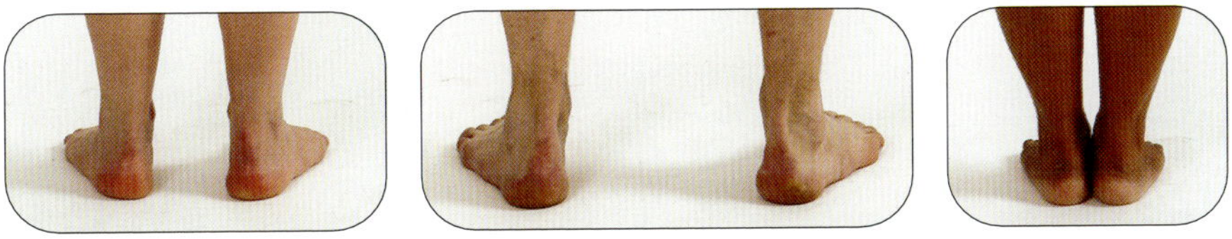

你的发现意味着什么

对于跟腱的观察可以帮助提供关于过度足外翻或者足内翻的信息。严重足外翻或足部过度旋前的一侧腿，可能存在腓骨肌缩短的问题。

第十二步 内踝和外踝

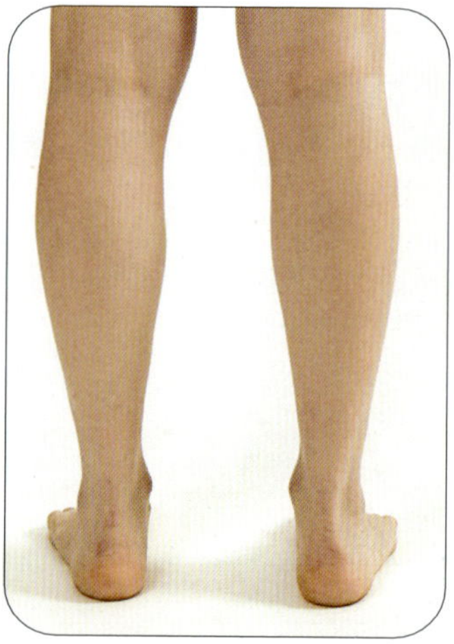

从背面观可以发现照片中同一只脚的内外踝并不等高，内踝明显高于外踝。双脚的内踝应在同一高度，双脚的外踝也应在同一高度。照片中受试者内踝很突出。这是否是因为她的胫骨扭转，导致膝关节连同整个胫骨，包括远端一同旋转？这是否能解释为什么我们能看到双脚内踝比外踝更多的状态呢？

你的发现意味着什么

下图说明了当受试者呈现足外翻或足内翻时，他的踝关节和跟骨的位置会如何改变。对于足外翻而言，内踝会显得比正常状态的位置高，而外踝会比正常状态下的位置低。他的距骨和跟骨向内侧倾斜，远离两腿的中线，并伴有足外翻情况。这表示足部旋后的肌肉力量不足，其中包括小腿三头肌、胫骨后肌、蹞长屈肌、趾长屈肌和胫骨前肌。这些会增加脚的内侧压的压力，因此存在足外翻的人可能会存在腓骨肌较短的问题。

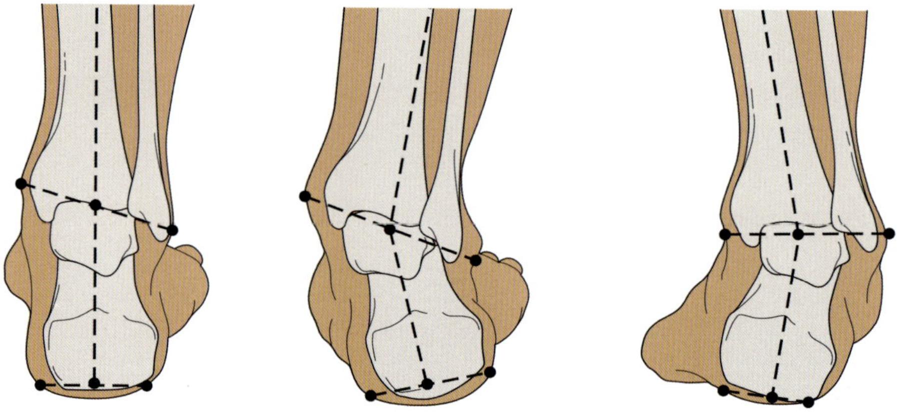

正常　　足外翻　　足内翻

存在足内翻的人，跟骨内翻(旋后)。内踝会比正常脚的内踝位置低，而外踝会比正常脚的外踝位置高，参见上一页的图示。这样的位置引起足部旋前肌群无力，如腓骨肌、趾长伸肌和跚长伸肌等。表 3.5 总结了这些信息。

表 3.5 踝内翻、踝外翻引起的相关变化

	外翻足	内翻足
脚的位置	外翻(旋前)	内翻(旋后)
与正常脚相比踝关节的位置	较正常位置内踝位置更高，外踝位置更低	较正常位置内踝位置更低，外踝位置更高
拉长且很有可能较弱的肌肉	足部旋后肌群：小腿三头肌、胫骨后肌、跚长屈肌、趾长屈肌和胫骨前肌	足部旋前肌群：腓骨肌、趾长伸肌和跚长伸肌
承重情况	更多由脚的内侧承重	更多由脚的外侧承重

第十三步 脚的位置

最后观察受试者下意识如何摆放脚的位置。一般而言,每只脚的外旋与身体中垂线等距。

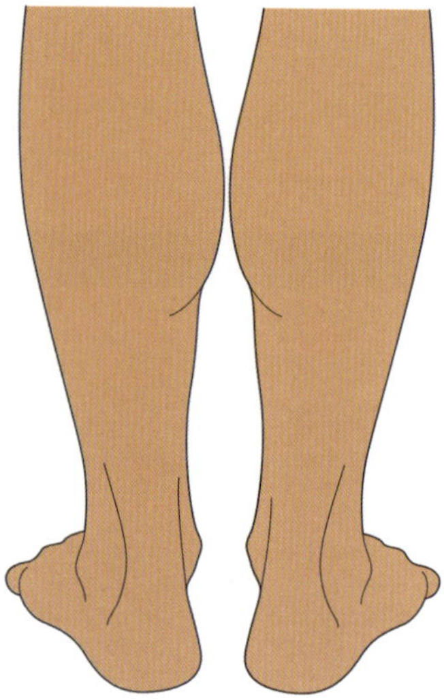

贴士 从背面观了解脚位置的方法是站在受试者身后,观察你能看到脚外侧的面积是否等大,脚趾的数量是否相等。如果你能看到脚侧面的面积越大(或脚趾越多),说明受试者的脚外展角度越大。

你的发现意味着什么

就像你在第十步所了解的,脚和腿的位置与髋关节和胫骨位置有关,回到第 66 页,回顾一下对于内八字站立的和外八字站立的人,哪些肌肉是被缩短了的。

贴士 如果根据脚的站位,你怀疑受试者存在髋外旋肌缩短的情况,有一个很简单的办法可以验证,就是让他的脚放在可以拉伸到这些肌肉的位置。比如,如果他是内八字站立,那么让他将脚打开像芭蕾舞演员一样站立。如果受试者的内旋肌真的很紧,那么他将脚外转时可能会稍感不适。

第十四步：其他的观察

最后，和评估上半身一样，你需要记录下受试者皮肤上的瘢痕、胎记或是其他异常斑点的情况，另外观察其皮肤上是否有包扎或是贴布贴覆，这说明也许他曾经受过伤。

重点问题

1. 哪些肌肉帮助颈部向右侧弯？
2. 哪些原因可以导致肩部肌肉的萎缩？
3. 什么是翼状肩胛骨？
4. 当受试者向左侧弯，并伴随左侧骨盆抬高时，下背部的哪些肌肉可能被缩短？
5. 哪两个原因可以导致一条小腿的中线比另一条小腿更偏向外侧？

侧面观体态评估

第 4 章

现在你已经至少做了一个背面的体态评估，因而可以用类似的步骤进行侧面观察了。就像第 3 章一样，在本章你将会学习如何按照指导步骤划分并观察身体的各个部位。当然，现实中人的身体各个部分不是单独运行的，因此如同第 94 页中描述的，你需要从整体的角度去评估受试者。请见第 148 页的侧面观体态评估表，包括 15 个步骤，8 个针对于上半身，6 个针对于下半身，1 个是针对于全身整体的。此外，你还需要比较身体的左右两侧，因此为了省时省力，建议按顺序进行每一步骤，评估完一侧再转向另一侧。

第一步　头部的位置

首先评估受试者的头部与身体的位置关系。头部是否位于胸椎上方？是否存在头部前倾、或者下巴前凸等在紧急的时候会表现出的样子？

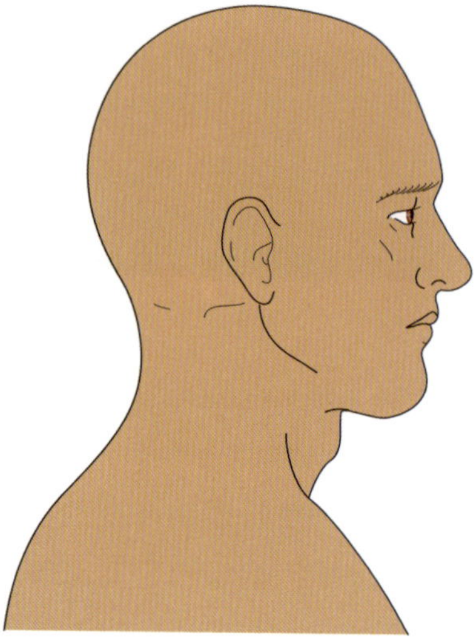

你的发现意味着什么

头部位置前倾会影响颈部、胸部和手臂的位置。在这个体位下需要注意的是，如果头部的位置过于超出身体，颈部前屈的幅度曲度不一定会增加。因此，颈伸肌群，如肩胛提肌不会像很多治疗师认为的那样变短变紧，反而是变长变弱。理论上来说，这样的体态会加强施于颈椎后侧软组织的压力，并可能会导致颈肩部和上背部的疼痛。

贴士　想象一下肩胛提肌就像是拉住马的缰绳，持续来控制你的头部维持在身体的正中位置。所以，如果头越向前倾，那肩胛提肌也会被拉得越长。

第二步　颈椎

接下来，观察下受试者的颈椎。如果受试者的头发遮住了颈部，你可以让其扎起头发，或者直接跳过这个部分。根据你的观察，受试者的颈椎看上去如何？弯曲度是否正常还是存在异常曲线？虽然颈椎过于平直的情况很少见，但是你的受试者存在这种情况吗？

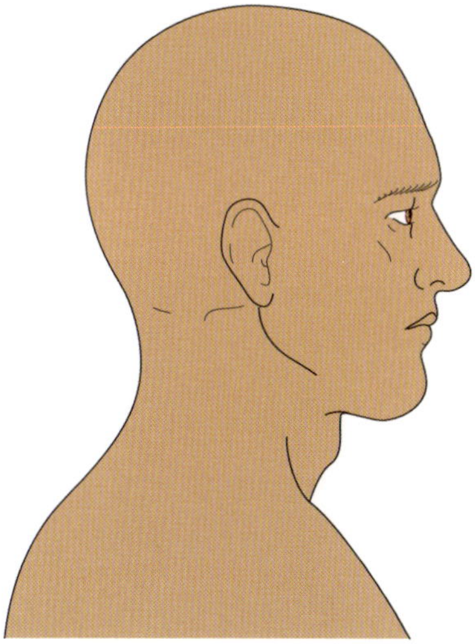

贴士　颈椎显著前突通常伴随着驼背的体态，为了更好理解，你可以试试这样做：让自己显得精神很萎靡地坐着，以不良体态的样子增加脊椎后凸状态。你会发现，你会自然低头眼看下方。保持这样精神不振的坐姿，接着抬起头想象你面前有一台电脑，这时由于你抬头眼看前方，也就增加了你颈椎前凸的程度。

你的发现意味着什么

加大颈椎正常的曲度通常会增加颈椎部分椎间盘后侧和椎骨关节的压力。因为这样的体态会造成胸椎产生显著性的驼背，导致胸腔缩小。缩小的胸腔会引起肋间肌、胸小肌、肩部的旋内肌及外展肌缩短。处于后凸体态时，背伸肌和斜方肌中、下束通常都很弱。

加大脊椎模型的前凸曲线，你会发现颈椎棘突之间的距离开始逐渐缩小。结构上来说，颈部后伸肌群互相靠近，因而会被缩短而无力，而颈部前屈肌群会被拉长而无力。如果一个人多年保持这个姿势，那很有可能他的关节囊和周围的其他组织结构会产生粘连，从而导致活动度下降。部分颈椎椎骨持续的受压是否会造成该区域脊椎产生骨刺？相反的，如果颈椎显得太过平直，可能代表着颈部屈肌缩短和伸肌无力。

第三步　颈胸交界处

现在把视线转向位于 C7 和 T1 椎骨之间的关节。它们看上去正常吗，还是存在局部软组织增生或是有隆起？

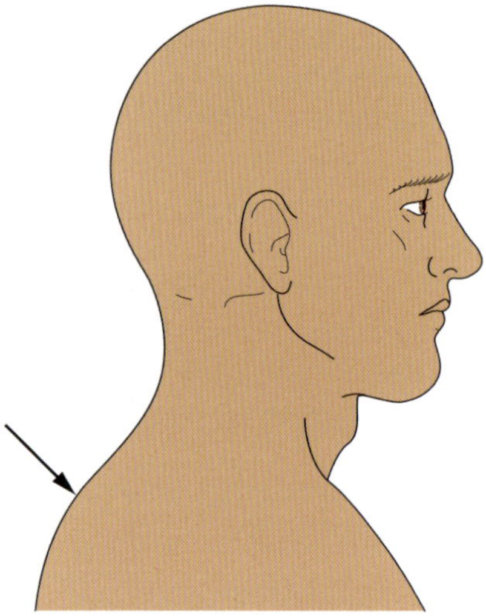

贴士 当你从侧面观察受试者时，为了更简单地定位第七颈椎，你可以让他低头，使棘突更明显。

你的发现意味着什么

绝经后的妇女常常会发现在 C7 或者 T1 的关节处会有隆起，这可能是由于骨质疏松导致椎体前部呈锥形改变，是否可能因为位于 C7 或 T1 关节上的脂肪组织过度堆积进而导致了受试者的不良体态？

现在来看下面八张照片，通过对前三个步骤的学习，相信你已经能够发现其中哪些人存在头部前伸问题，哪些人存在颈椎前凸幅度增加的问题，又有哪些人的颈部比一般人的长？另外仔细比较他们各自颈胸交界处。

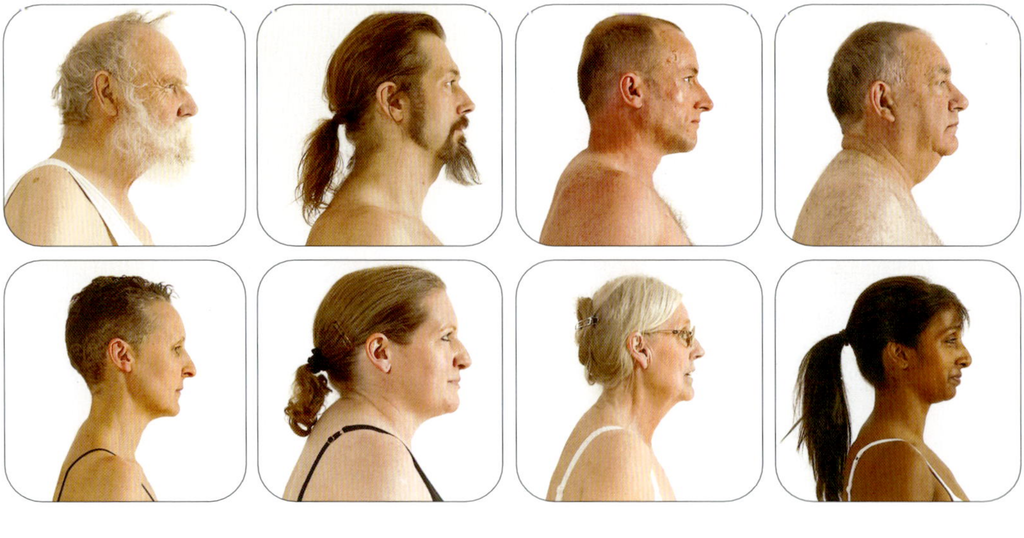

第四步　肩的位置

观察受试者的肩部，它与头和颈部的位置关系是怎样的？它是否与耳朵处于同一条线上，或有肩部前伸现象(即手臂内旋)？或者相反的，受试者是否像军姿站立一样，挺胸抬头、肩部后缩？请看第 81 页第六步的那些照片，如果要你选择右肩内旋最严重的一个人，你会选哪一个？

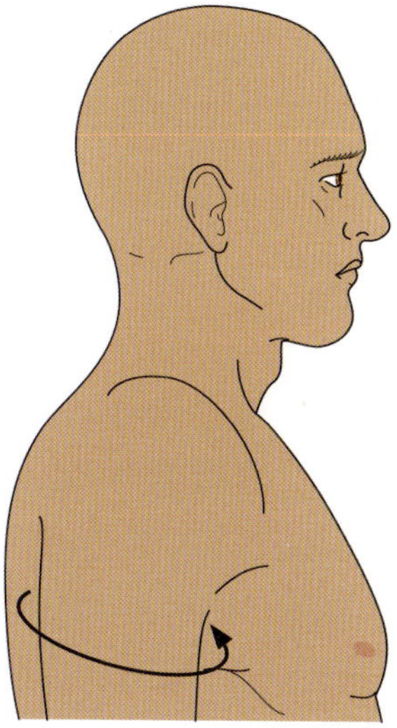

贴士　下面这个动作可以帮你更好地了解不良体态与肱骨旋转的关系。自然站立并注意你手和手臂的位置，接着有意采取精神不振的不良体态，请观察你的手，你是否发现你的拇指和手腕桡侧碰到了髋部？对比来看，如果你抬头挺胸站立，你会发现肩胛骨后缩并伴随肱骨向外侧移，而你的前臂和大拇指不再触碰到你的大腿。

你的发现意味着什么

很多人都会存在肩关节前伸的体态，因为许多人会在桌子前坐很久，或者长时间开车，因而他们的手臂会长期置于身体前侧的键盘或者方向盘上。久而久之就形成了弯腰驼背的姿势，进而影响到胸部、颈部和肩关节。这个体态与菱形肌伸长无力、胸肌变紧和肋间肌变短有关。此外，斜方肌中下束和背伸肌伸长而无力。内旋的肱骨意味着内旋肌的缩短，那这样的体态是否会导致肩峰撞击综合征？

肩关节后缩现象比前凸情况少见，因为这个现象多与长期军姿站立有关。可能是由于菱形肌和斜方肌中束变短、胸大肌拉长导致的。肱骨外旋说明冈下肌和小圆肌存在缩短情况。还有一种情况可能发生，一侧肩部前伸伴内旋，而对侧肩外展外旋。导致这个现象的成因之一可能是经常用一侧的手拉拉杆箱，导致该侧肩膀向外旋转。

贴士 为了帮助更好地理解一侧的肩膀前伸是如何形成的，想象下你的一只手在拉一个很重的拉杆箱。观察下拉行李箱的一侧的肩胛骨呈现后缩伴随肱骨外旋。你还可以发现手腕和手肘也是旋外的，并且没有拉行李箱的一侧肩会处于身体前方，肩胛骨前伸伴肱骨内旋。

第五步　胸部

体态评估侧面观为观察胸椎生理曲线过大提供了很好的机会,而这常发现于拥有不良坐姿习惯的人群中,特别是年长者和伏案工作的人,当然其中部分是因为年龄造成的椎体蜕变而引起的。通常胸椎生理曲度过大的人可能因为代偿而伴有颈椎和(或)腰椎前凸增加。与此相反,有些背部生理曲线明显偏小的受试者会导致后背看上去较平。

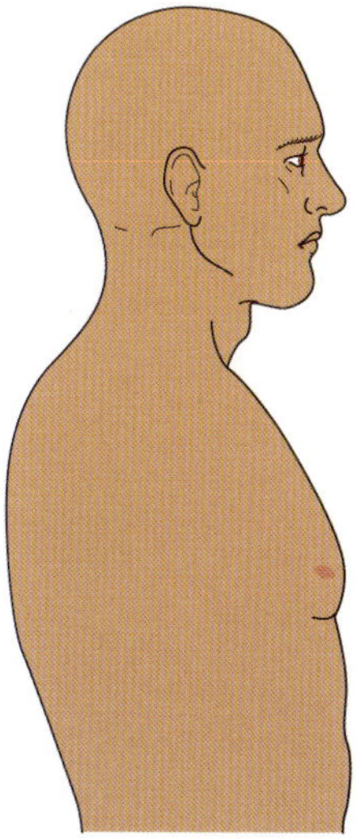

贴士　如果受试者的体脂很低或者肌肉萎缩严重,那么他的棘突可能比正常人要明显,如果因此就判断他存在驼背问题就错了。他可能只是一副没多少组织覆盖着的正常骨架。

你的发现意味着什么

存在严重胸椎后凸的体态常常与胸肌缩短、肋间肌紧张,甚至胸腔容积变小造成的呼吸较浅有关,此外还可能与上腹肌缩短有关。在该体态下,胸椎后伸肌群、斜方肌中、下束和菱形肌可能都伸长而无力。一个由于不良坐姿导致的脊椎后凸体态,可能会存在肱骨内旋,伴随着肩袖肌肉群(冈上肌、冈下肌、小圆肌和肩胛下肌)的长度和力量的改变。所以毫不奇怪,脊椎后凸体态的人通常存在颈肩部的疼痛。

脊椎后凸曲度小的受试者通常柔韧性过好或有关节过度松弛症,而他们的胸部区域就会显得比一般人平坦。这些人也常常主诉胸部疼痛,这可能是因为在他坐直或者站直时,胸椎的棘突位置互相过于靠近。

第六步　腹部

腹部在体态评估中是一直被忽视的一个部位。受试者的腹部看上去怎么样？是平坦的还是突出的？对于正常的健康人而言,腹部应该是平坦的。

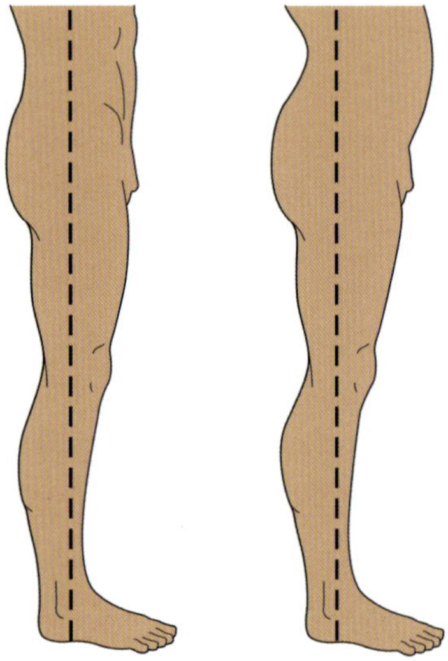

你拥有六块腹肌吗？右页中的照片将向你展示从侧面观察腹部会呈现的不同形状和位置。受试者腹部前凸是因为其超重、怀孕,还是因为其站姿问题导致骨盆前倾？或者是由于他存在骨盆后倾和腰椎生理曲线变直而导致的腹部肌张力增高？

你的发现意味着什么

腹部突出可能是由于怀孕的自然过程导致的，或者是因为腰椎前凸幅度增加，或者仅仅是因为肥胖导致的脂肪组织过多。受试者的胸部肌肉或筋膜紧张有时会导致腹部前凸问题,因为他们的胸部区域肌肉紧张和压力造成了体态改变。

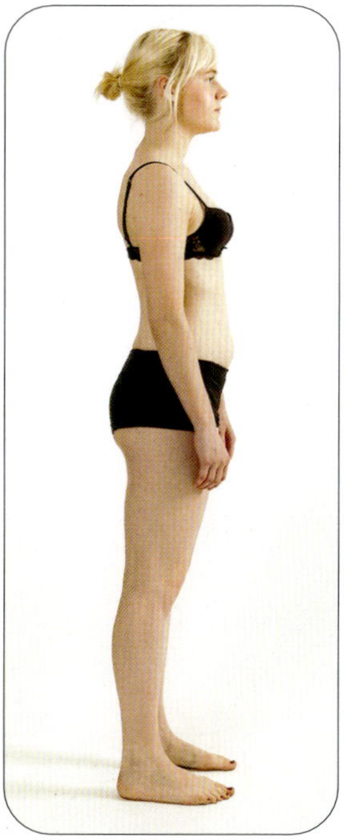
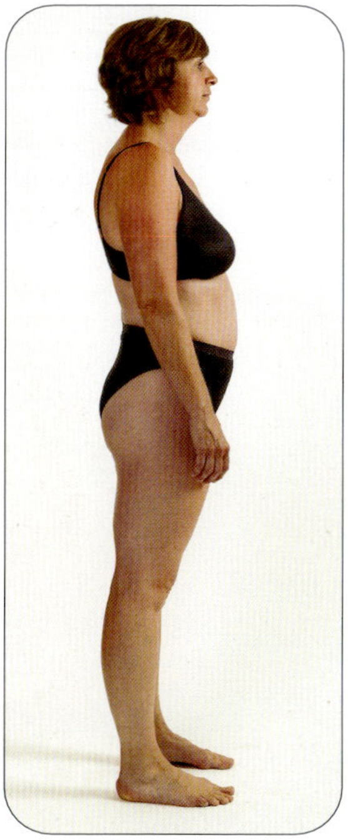
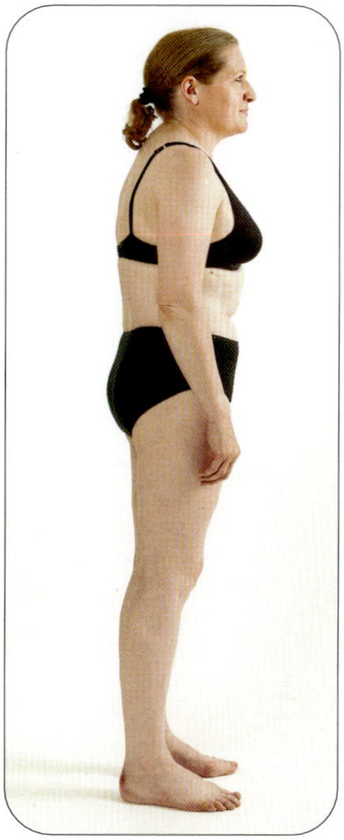
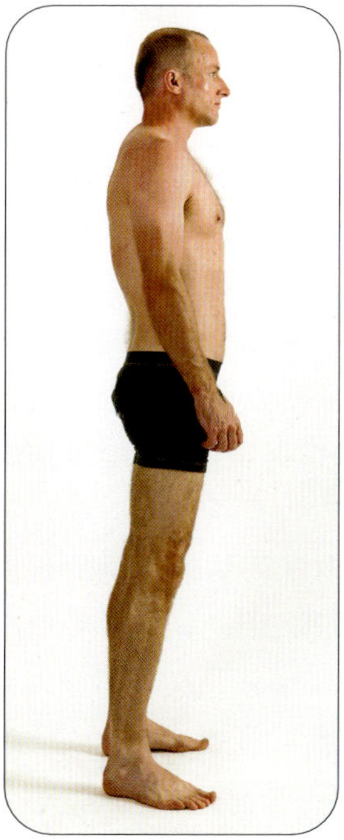
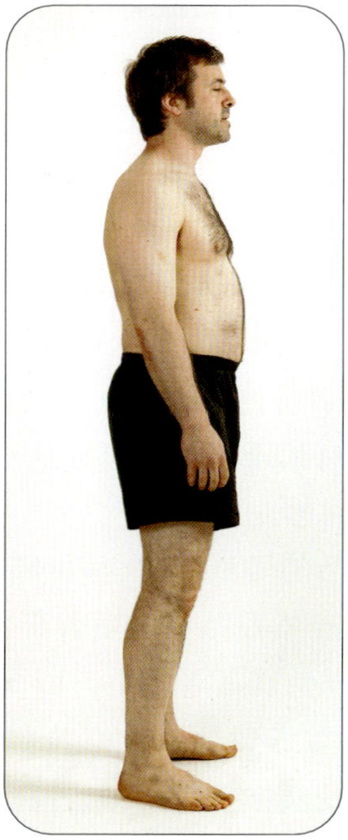
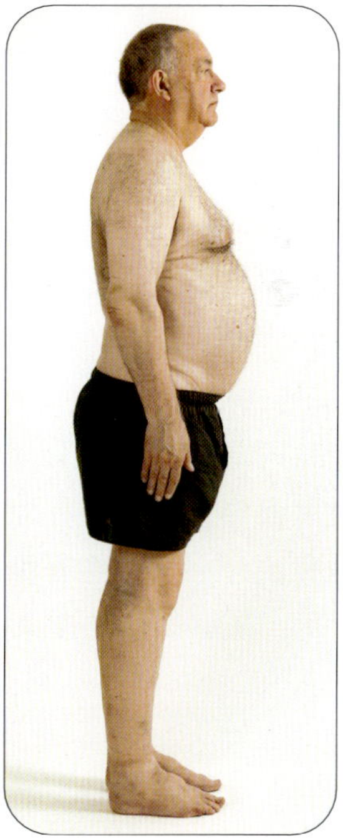

第七步　腰椎

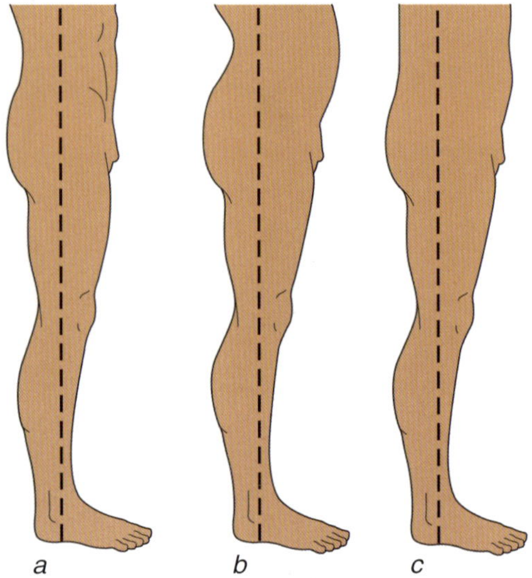

腰椎是一个很好的观察点。你可能注意到,本书任何部分都不会建议您根据局部的体态评估对受试者进行治疗。关于腰椎,你需要记住,有些人可能存在腰椎生理曲度问题,但是却没有任何临床症状。还有些人可能有轻微的腰椎和胸椎生理曲度增加的问题,但无需任何治疗介入。

腰椎和骨盆是互相关联的,所以腰椎曲度增减会影响到骨盆的位置。但是对于刚接触体态评估的人而言,要定位骨盆的位置是很困难的,因此建议先从观察腰椎区域开始。受试者腰椎生理曲度是否正常?是否存在任何前凸幅度的增减情况?第 83 页上的图可能有助于你理解受试者的腰椎前凸情况与身体中垂线的位置关系:a. 腰椎生理曲度正常,b. 腰椎前凸增加,c. 腰椎前凸降低。

你的发现意味着什么

腰椎前凸生理曲度的增加暗示存在骨盆前倾问题。想要获得骨盆位置更详细的信息,请参考第 80 页。腰椎前凸角度增加可以很好地解释该区域的疼痛与软组织受压的关系。例如,如果对于椎间盘后侧持续加压和竖脊肌缩短,那么腰椎小关节也可能由于这两部分受到压力而影响其正常的功能。在这种情况下,都可能导致腹直肌和伸髋肌群伸长无力和背伸肌缩短。

在你治疗一个存在脊椎前凸的受试者时,你可能会发现评估腘绳肌的长度是很有帮助的。从解剖学角度来说,腰椎前凸常伴随着骨盆前倾,因此腘绳肌将处于被拉长的状态,而根据我的经验,这样的受试者会主诉腘绳肌很紧张。这是不是因为腘绳肌试图将坐骨拉回其正常的位置导致的?此时腰(大)肌可能也会被缩短,因为腰(大)肌负责从前面拉腰椎椎体使腰椎呈现前凸。那么问一个有趣的问题:对受试者而言,是腰大肌先被缩短,还是腰椎前凸角度先增加呢?

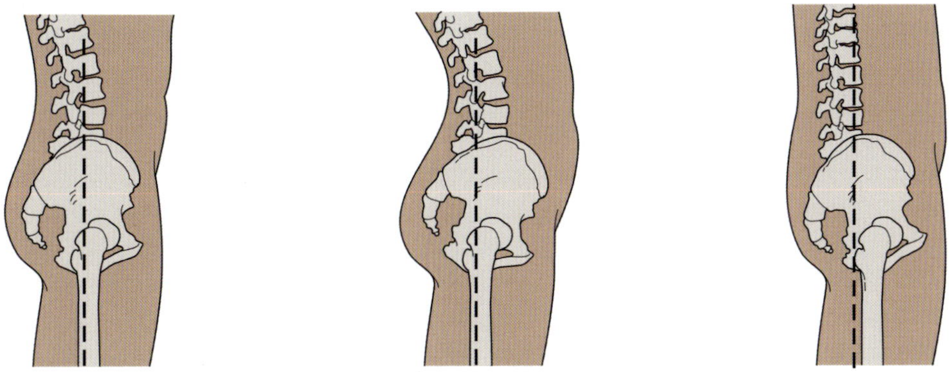

从解剖学角度看，与正常情况相比，腰椎弧度变小可能与伸髋肌群缩短、紧张，以及屈髋肌群无力有关。表 4.1 总结了这些信息。

表 4.1　改变腰椎曲线的因素

	腰椎前凸角度增加	腰椎前凸角度减少
对应的骨盆位置	骨盆前倾	骨盆后倾
被缩短的肌肉	背伸肌	伸髋肌群
被拉长的肌肉	腹直肌 伸髋肌群	屈髋肌群

本照片展示了一个存在腰椎前凸曲线增加的好例子。如果你回过头去看本书中所有侧面全身照片，你会发现绝大多数个案都存在这样的腰部曲线。

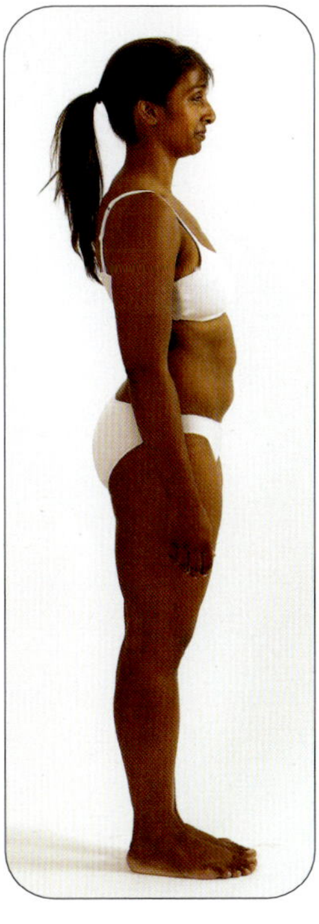

第八步　其他观察

在该步骤里记录下如伤疤、斑点、肤色不均、水肿或者其他在你上半身评估中未记录的信息。

第一步 骨盆

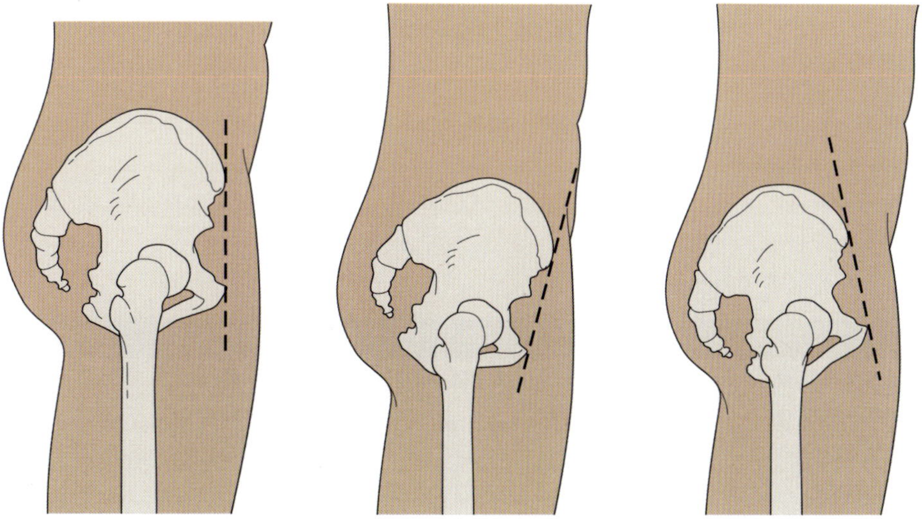

如你所知，骨盆的运动对应于腰椎形状的变化，它可以处于正常位置(a)、前倾(b)或者后倾(c)。骨盆前倾的描述是当髂前上棘(ASIS)位于耻骨联合之前时骨盆的位置。骨盆后倾的描述是当ASIS位于耻骨联合后方时骨盆的位置。

贴士 为了更好地理解骨盆前倾和后倾，你可以试试这个：站直身体，挺肚子，撅屁股，伸展你的腰部，这时产生骨盆前倾的状态。回到自然位置，再收紧臀部、腹股沟向前推、腰椎伸直，这将呈现出骨盆后倾的状态。

贴士 下面是帮你判断受试者站立时是否存在腰椎曲度过大或者曲度减小的小技巧。让受试者和你一起做上面的动作。当他明白了如何做动作时，你可以观察在他前倾和后倾时会出现什么情况。如果受试者前倾骨盆存在困难，无法增加他腰椎曲度，那这可能是因为他的骨盆已经处于前倾的位置了。如果他后倾骨盆存在障碍，即无法伸直腰椎，那么这可能说明他的骨盆已经处于后倾的状态了。

你的发现意味着什么

骨盆前倾时，腰椎前凸角度会变大，因此受试者可能在该区域会产生腰椎前凸现象。这种状态下可能会增加腰部椎间盘后侧和腰椎小关节的压力。这个体态与腘绳肌和腹直肌伸长无力有关，也可能与腰大肌和股直肌缩短有关。骨盆后倾时，腰椎前凸角度会变小。这种体态与伸髋肌群被缩短紧张，以及屈髋肌群伸长无力有关。表4.2总结了这些信息。

表4.2 与骨盆前倾和后倾有关的因素

	骨盆前倾	骨盆后倾
髂前上棘的位置	髂前上棘位于耻骨联合之前	髂前上棘位于耻骨联合之后
腰椎相对位置	增大前凸角度	减小前凸角度
缩短的肌肉	背伸肌群	伸髋肌群
拉长的肌肉	腹直肌 伸髋肌群	屈髋肌群

记住其他区域的脊椎也可能因为骨盆位置变化从而产生代偿性的改变。

第二步　肌肉块

接下来观察下肢肌肉，特别是大腿和臀部肌肉。左右两侧的肌肉块是否存在增加或者减少？

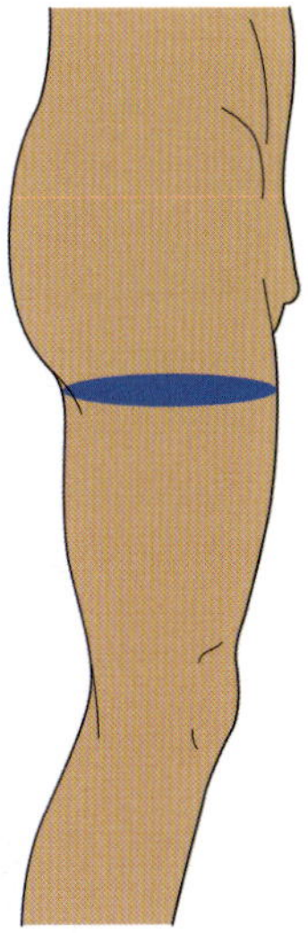

你的发现意味着什么

肌肉经久不用可能导致萎缩，这常常会发生在久坐不动的年长者和因伤病导致双腿或者单腿制动的人身上。制动的时间越久肌肉萎缩会越严重。肌肉块的减小可能还会出现在那些单腿无法承受身体全部重量的人身上，这可能会导致另一条腿承受了更多重量而出现肌肉体积增加。

第三步　膝盖

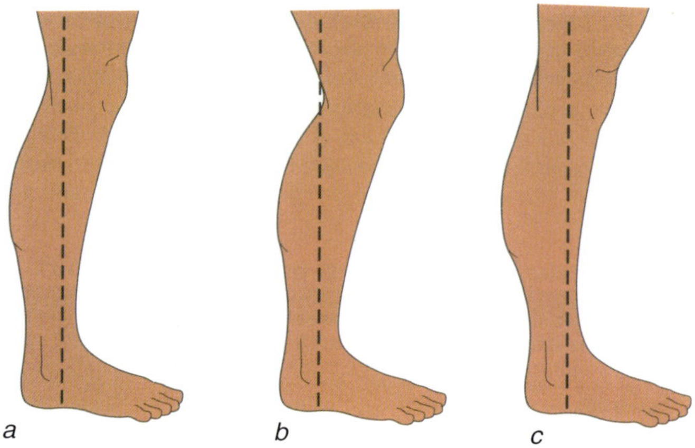

侧面体态评估是观察受试者膝关节的好机会！受试者的膝关节是处于：正常中立位(a)、屈曲的(b)、还是过伸(c)?

贴士　当你从受试者左侧观察，如果你能够看到右腿较多的腘窝区域或者小腿肌肉，这提示右膝存在过伸的问题。如果从受试者的右侧进行观察时，你能够观察到更多的左腿，这就提示左侧膝关节可能存在过伸的情况。

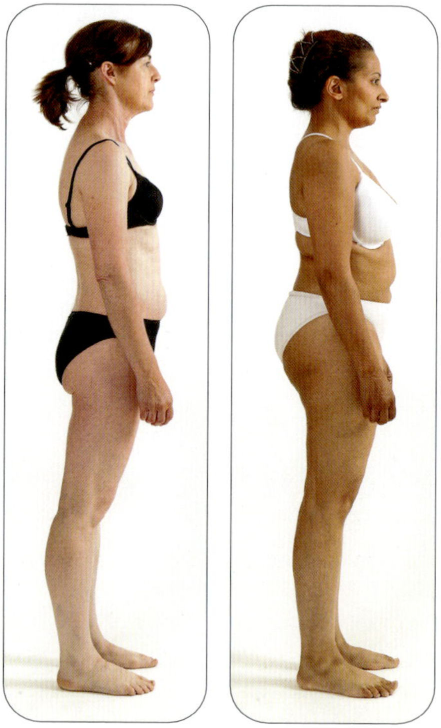

照片中左边的受试者在站立位时膝关节过伸，观察下她膝盖前侧，你能够总结出她的髌骨前方压迫状态的程度吗？此外她的髌骨如何被压入膝盖前侧的？如果你在她身上画中垂线，她的膝盖会处于中垂线的后面吗？(记住如果使用中垂线，你应该把中垂线定位在外踝稍前侧)。此外右侧照片的受试者也有膝过伸，但没有第一个那么明显。

观察并对比这两张照片。第一个人以膝关节屈曲的姿势站立，但由于他下肢水肿导致难以察觉。第二个人的右膝屈曲站立姿势虽然更不明显，但是在与本书中的其他体态图比较后，你可能会感觉相对比较容易观察到。

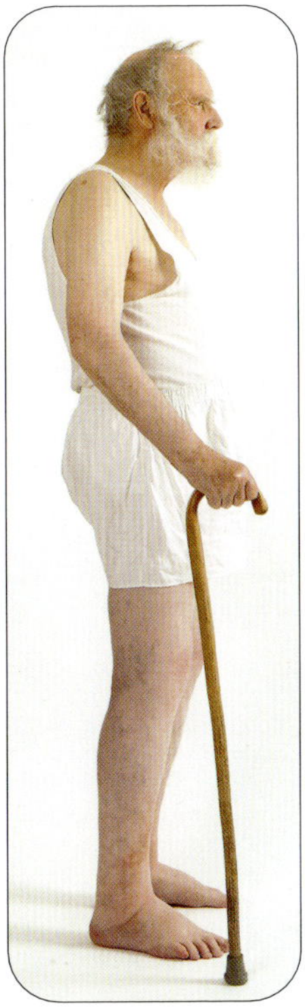

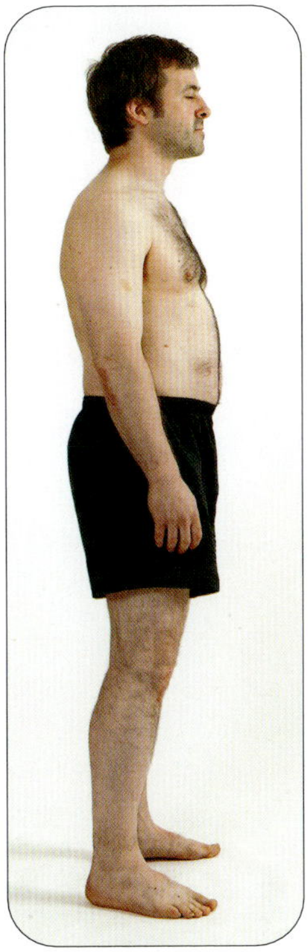

你的发现意味着什么

膝关节屈曲可能与腘绳肌和腘肌紧张、股四头肌和比目鱼肌无力有关。而膝关节的位置受髋关节和踝关节的位置影响，就像骨盆位置和腰椎存在相互关联一样，一个部位的位置变化会牵连到另一个部位的位置变化。膝关节屈曲可能会伴随着髋关节曲度增加和踝关节背屈角度增加。你可以通过观察站立时膝关节从中立位到弯曲的姿态来理解这个情况。

某些病理会抑制膝关节伸直。例如，关节里的游离体可能会阻碍膝关节的完全伸直。髌骨软化症带来的痛苦可能会由于完全伸展而加重。膝关节过度活动常常会在站立时呈现膝过伸的情况，除非他们学会如何避免。膝过伸与股四头肌紧张和腘绳肌拉长有关。紧张的股四头肌对于膝过伸的人而言会使他站立时因为髌骨与股骨挤压而造成膝关节前部疼痛。这个体态是否会导致髌骨关节的软骨表面退行性改变？另外一个结果就是可能会增加关节囊后侧的压力。膝过伸也会和踝背屈的幅度减小有关。表 4.3 总结了这些信息。

表 4.3　膝关节位置改变的影响因素

	膝关节屈曲	膝关节过伸
缩短的肌肉	腘绳肌 腘肌	股四头肌
拉长的肌肉	股四头肌 比目鱼肌	腓肠肌
髋关节位置	髋关节屈曲角度增加	髋关节伸直角度增加
踝关节位置	踝背屈角度增加	踝背屈角度减少
其他	踝关节前侧结构压力增加	膝关节后侧关节囊拉力增加，髌骨关节软骨退化的可能性增加

第四步　脚踝

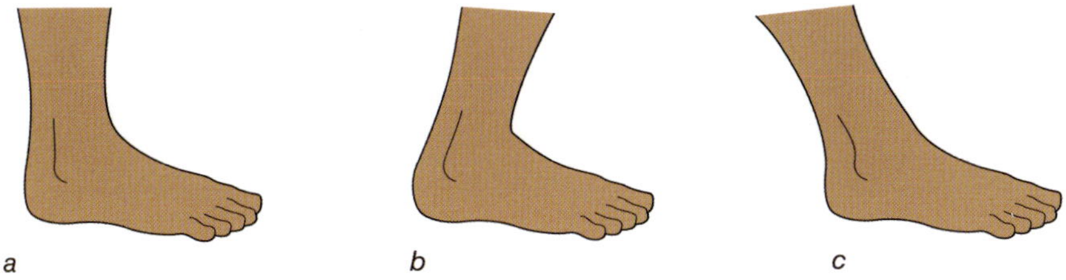

现在视线转向脚踝。它们处于中立位(a),还是存在背屈幅度增加(b)或者降低(c)的情况?下列三张照片很好地展示了踝关节背屈幅度降低的例子。

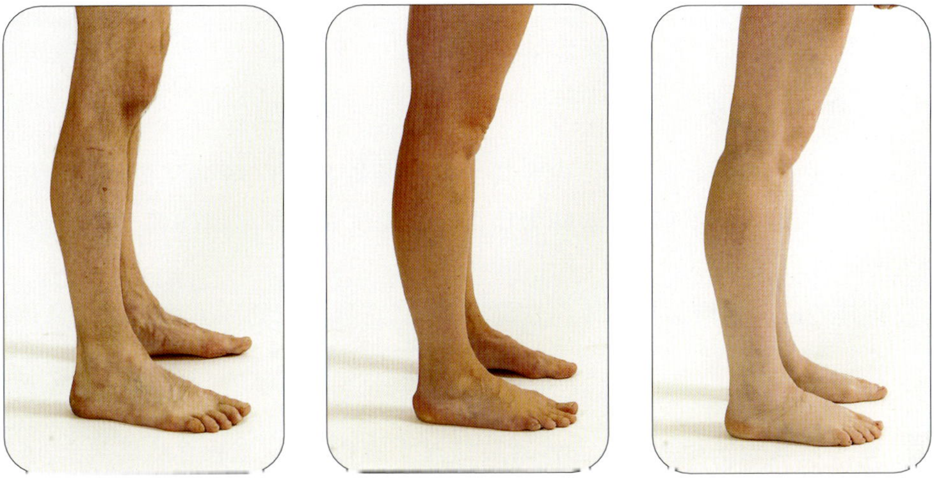

你的发现意味着什么

站立时膝关节屈曲的人可能会存在背屈幅度增加的问题。这类人走路时身体的重量不再平均分布于胫骨,进而可能会导致关节疼痛和过早出现关节退化。这可能与前侧胫骨肌缩短和踝关节前侧支持带的压力增加有关。而背屈幅度降低与股四头肌缩短和膝关节前侧压力增加有关。

第五步 脚

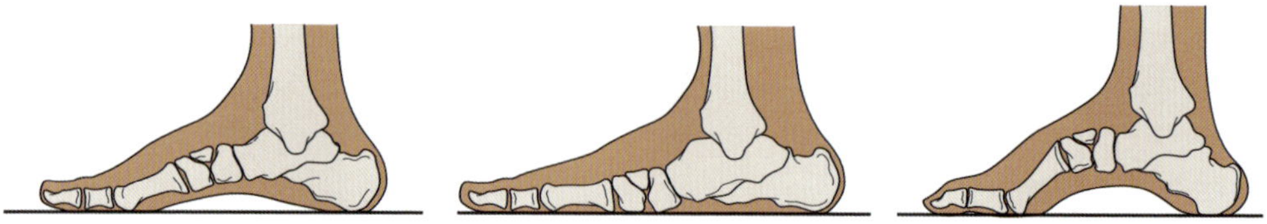

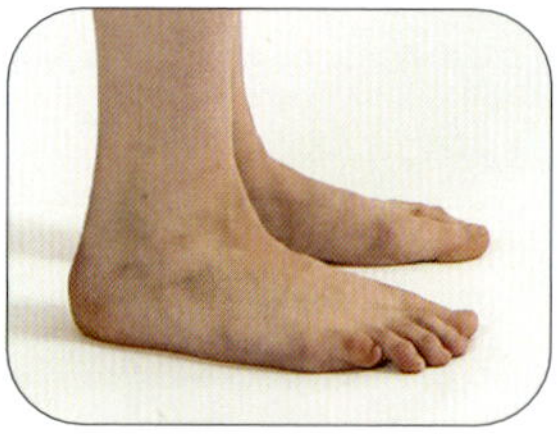

最后,足弓是怎么样的呢? 它们是正常足(a),扁平足(b),还是高弓足(c)? 受试者是将重量均匀分布于左右两只脚还是更多偏重于一只脚?在脚或者踝关节处是否存在任何瘀痕? 脚趾头是否正常,还是存在爪状趾或者锤状趾的情况? 右侧照片显示了一个扁平足经典例子。

你的发现意味着什么

脚部皮肤上的瘀痕暗示鞋子或者其他辅助设备太紧了,导致了皮肤组织压力或者皮肤挫伤。脚趾的问题可以解释为什么一些受试者存在平衡问题,特别是当问题位于大踇趾时。

左脚外侧的压力增加与身体向左旋转有关,右脚外侧的压力增加伴随身体向右旋转。

贴士 你可以按如下方法体现身体的旋转对于脚的影响:光脚自然地站立,在保证脚底不离开地面的情况下,尽可能大幅度地旋转你的身体。注意你的趾面和地面的压力的变化。

但是,向一侧脚施压造成身体的旋转可能不适用于所有人,这可能是由于一些其他生物力学因素导致的。了解这些对于身体运转而言很重要。如果你认为该区域的问题与其他生物力学因素有关,那么将你的受试者转介给足踝医生检查是很有必要的。

第六步　其他的观察

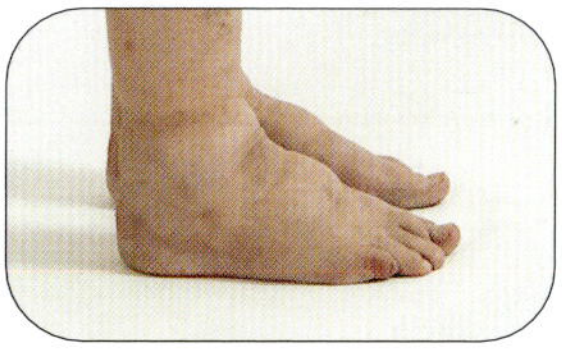

通过这个步骤记录下在侧面观察下半身过程中没有记录下的情况，如伤疤、瘀伤、变色、水肿等。例如，照片中的受试者存在水肿问题，此外再观察下他右脚的第二个脚趾。

在完成侧面体态评估之前,向后站些,整体地去观察受试者。下面的第一张图说明的是一个“经典的”标准体态,第二张图说明的是存在胸椎后凸并伴随颈椎腰椎前凸的状态,第三张展现的是过分平直的脊椎状态。第四张说明的是背部后凹的状态。

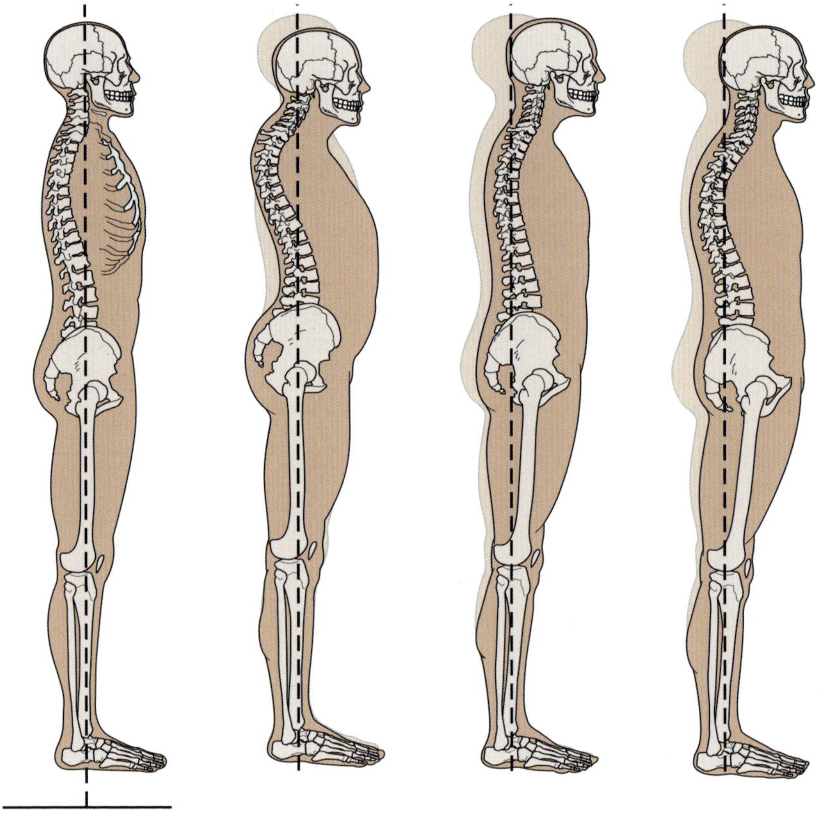

再看看这四张照片。如果让你从他们的踝关节往上画出他们的中垂线，你能不能找到上一页中所对应的骨架？可能你对照出一个上半身属于某一骨架图片，而它的下半身又属于另一个骨架图片。或者说，事实上我们需要一个包含更大范围的体态类型来进行比较对照。

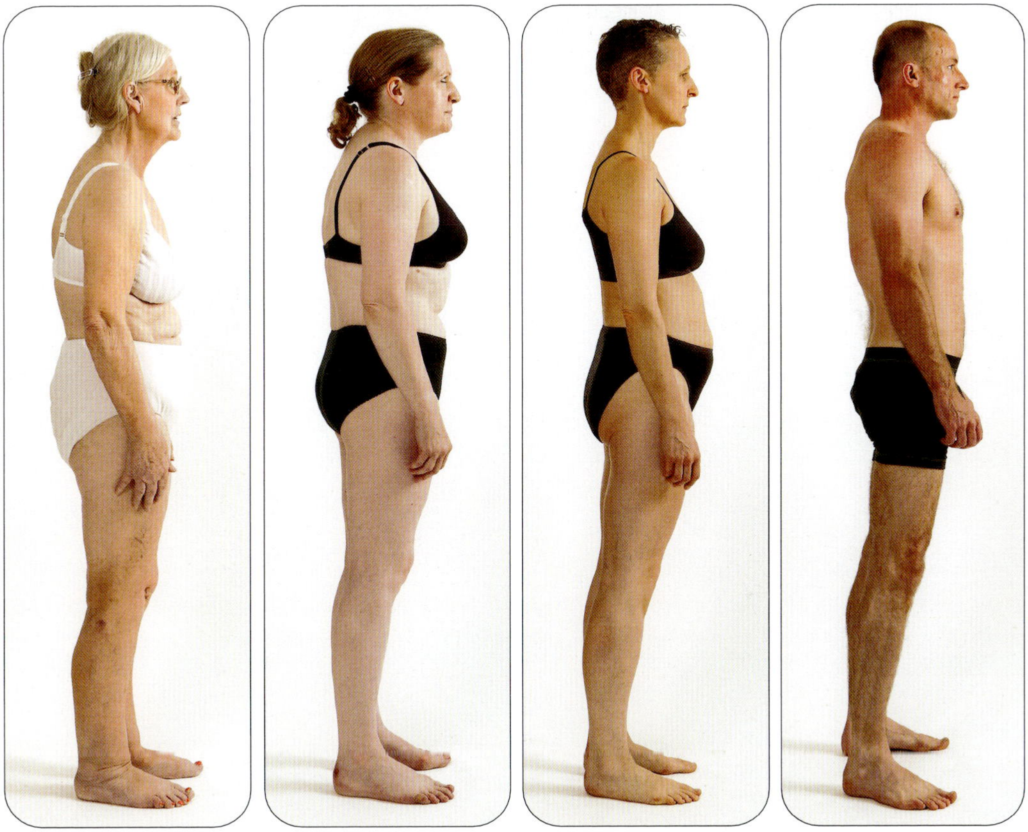

重点问题

1. 头部前倾问题会产生什么后果？
2. 哪些肌肉会因为肱骨内旋而被缩短？
3. 哪些行为会增加胸椎后凸的曲线？
4. 当骨盆前倾时，腰椎的前凸曲线会增加还是减小？
5. 站立位膝关节屈曲的受试者，其腘绳肌缩短还是股四头肌缩短呢？

正面观体态评估

第 5 章

站姿体态评估的最后一个部分就是从正面评估受试者。许多有经验的治疗师倾向于在侧面观和背面观的体态评估前,先进行正面观的评估。但是对于初学者,建议将正面观留到最后,因为这可能会让一些受试者感到不自在,特别是耗时较长的时候。你可以在本书第 151 页上找到正面观的评估表,你可以像前两章一样使用这个表来记录每一步中的发现。本章节中一共有 25 个步骤,包含 11 个上半身和 13 个下半身步骤,还有 1 个完成评估前的整体观察。

第一步 脸部

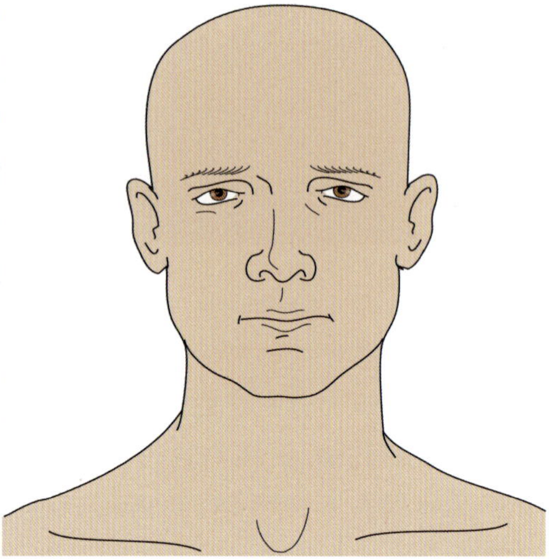

在不冒犯对方的情况下，观察受试者的脸部并记录下任何不对称的地方。请总结受试者的脸部向你透露了哪些关于他健康的信息？他的皮肤是否健康滋润，还是脸色蜡黄或惨白？他看上去是神采奕奕还是疲惫不堪？他的脸是否存在水肿？其实阅读脸部表情可以获得很多信息。受试者看上去是否正处于疼痛中？看上去是很放松还是很担忧？此外，再观察脸部肌张力，受试者是否不自觉地咬紧下颚，或者皱眉？脸部肌肉是否有痉挛的情况？

你的发现意味着什么

虽然教科书都说我们是左右对称的，但是事实并非如此。左右脸存在不一致是很常见的，就好像身体其他部分结构存在差异一样。但是，肌肉痉挛或者肌肉松弛都不是正常现象，因此需要被记录下来。

第二步　头部位置

头部是否处于正中位，鼻子是否位于胸骨柄和剑突之间的中垂线上？还是有偏离中垂线或者旋转的现象？

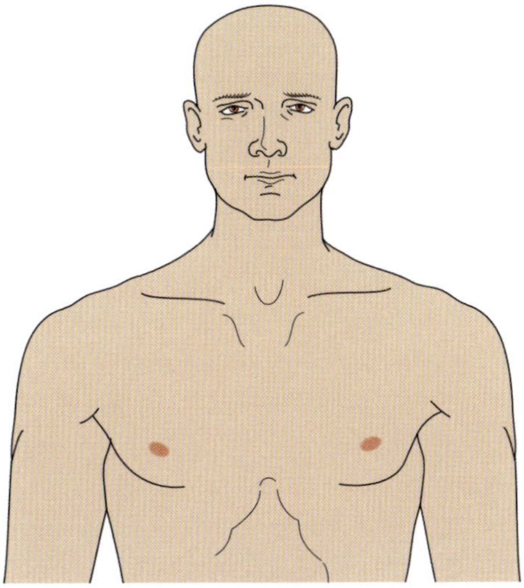

你的发现意味着什么

导致头部和颈部不对称的原因有很多，例如，躯干小角度的旋转或者侧弯通常发现于那些需要长时间处于一个固定的姿势，或是工作位置侧向一边，而不是正对前方的人。如果头部存在严重侧弯（无论是否伴随旋转），并伴有胸锁乳突肌张力增加，就可能是斜颈症的迹象。此外，头部位置偏移可能说明受试者的颈部存在伤病。

这张照片很好地说明了考虑到身体内部结构之间相互关系的重要性。如果你在内踝之间，穿过膝盖和肚脐画一条人体中垂线，他的头是否处于这条中垂线上？他的头是否向右倾斜？而他的身体重心是否也向右偏斜？

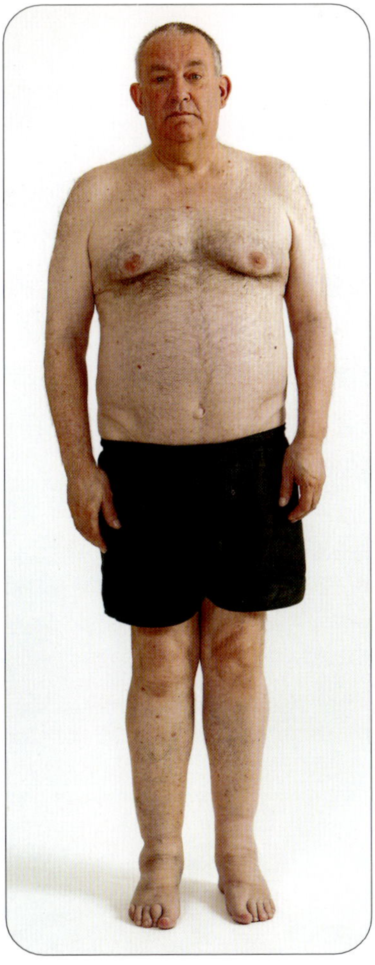

第三步　肌肉张力

受试者的颈部、胸部和肩部的肌肉一侧是否比另一侧更为突出？特别留意胸锁乳突肌、斜角肌和斜方肌上束。此外，受试者是否存在肌肉张力下降或是萎缩的现象？

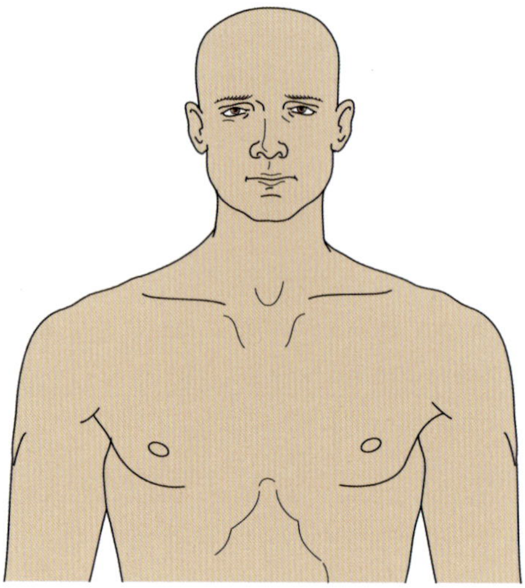

你的发现意味着什么

肌肉明显的隆起可能说明该肌肉存在张力增加的情况，长此以往会造成该区域的肌肉疼痛。这就产生了一个问题，受试者的哪些行为提升了这部分肌肉的张力？胸肌（包括其他肌肉）发达在健美教练员中非常普遍。另外与呼吸相关的肌肉，如胸锁乳突肌和斜角肌，张力上升也很普遍。长期患有呼吸系统疾病的人（例如患有慢性阻塞性肺炎）可能存在斜角肌显著突出的问题。与之相反，萎缩说明肌肉的废用。你可能会在观察一位颈部受伤后存在颈部活动障碍的受试者时，发现他的颈部肌肉存在萎缩现象。

第四步　锁骨

观察两边锁骨的角度和其轮廓。锁骨两侧的轮廓应该为平滑的曲线，角度从胸锁关节向上扬，同时也要观察肩锁关节(AC)的位置。

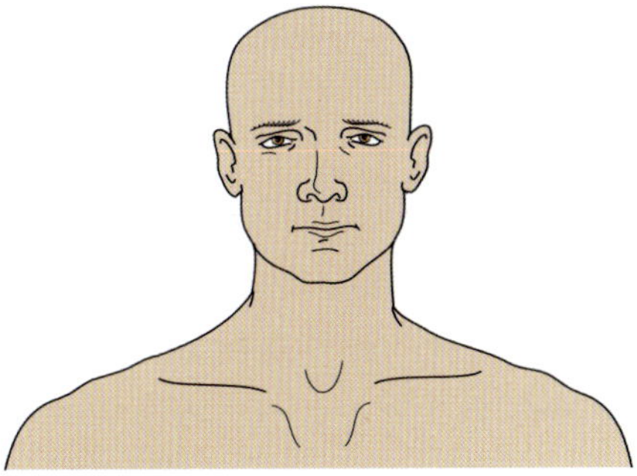

贴士 站在镜子前观察您的锁骨,注意它们由胸骨向上延伸到 AC 的角度。如果耸肩或抬高肩部,你能发现锁骨的倾斜角度发生了哪些变化吗?

为了更好地理解肩胛骨与锁骨在运动中的位置关系,让我们从背面观来观察。肩胛骨上旋后（虚线表示了肩胛骨上旋后的位置),锁骨也会跟着抬升。

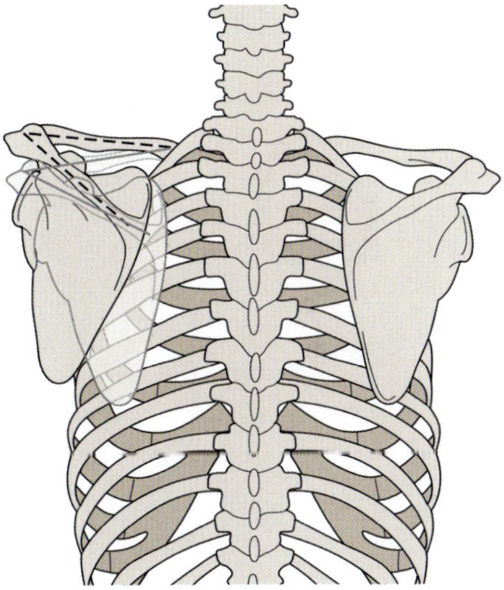

你的发现意味着什么

锁骨角度突出说明肩部有抬高。常见的情况是惯用手一侧的锁骨比非惯用手一侧的锁骨要相对偏低。不平衡的轮廓可能说明骨折后对位不良,或者最近的受伤(比如肩锁关节受损)。

第五步　肩部高度

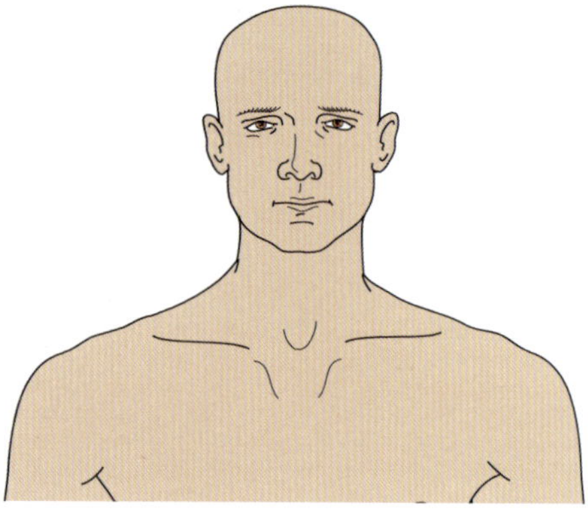

观察受试者的肩部是否等高？三角肌轮廓左右是否对称？

你的发现意味着什么

惯用手一侧的肩部稍稍低于另一侧是很正常的。此外受试者可能会抬升一侧的肩关节来保护肩、颈部的疼痛或者伤病。在肩(盂肱)关节半脱位的人可以观察到肩部下垂和三角肌轮廓凹陷。

现在你对于体态评估有了更好的认识,根据本章中的步骤观察以下的几张照片。你能否观察到第一和第二张照片里的人左右两侧斜方肌上束不对称？而第三张照片中的人左边锁骨向上抬升？

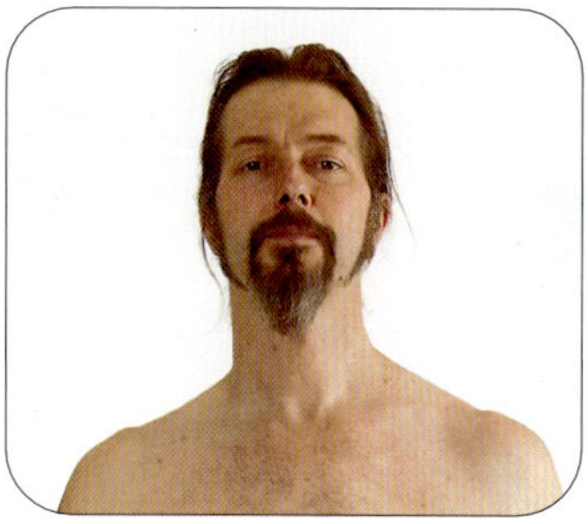

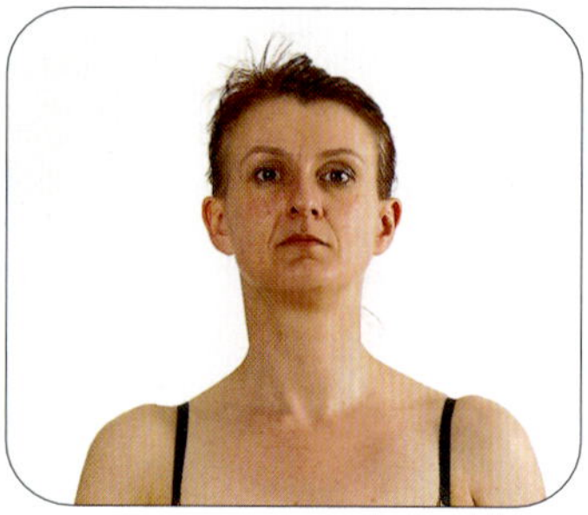

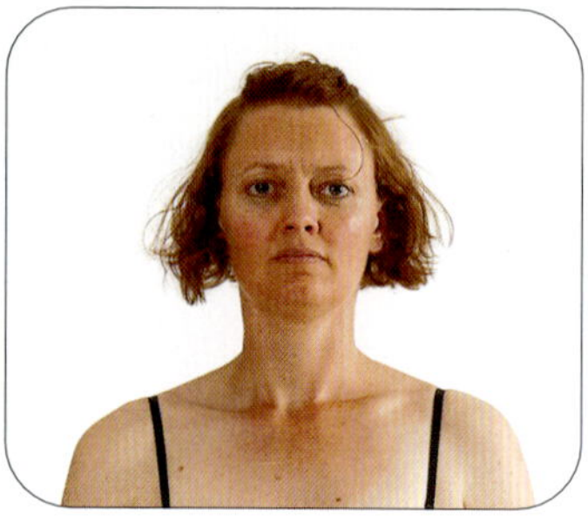

第六步　圆肩

圆肩的问题从侧面更容易观察到。但是当肩部内旋，导致手的位置发生改变，那么你可以很容易从正面和背面的评估中观察到这个现象。如果受试者的肱骨存在内旋，那么你将在正面体态评估时看到更多手背的部分，下面第一张图就存在这个问题。比较第二张照片中的人双手的位置，你能否发现左肩比右肩内旋的角度更大？

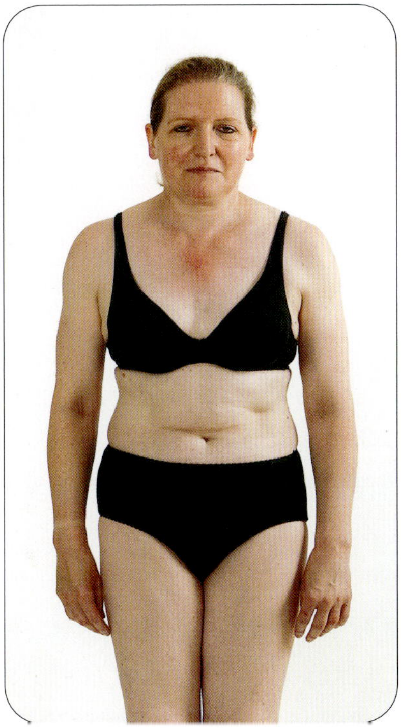

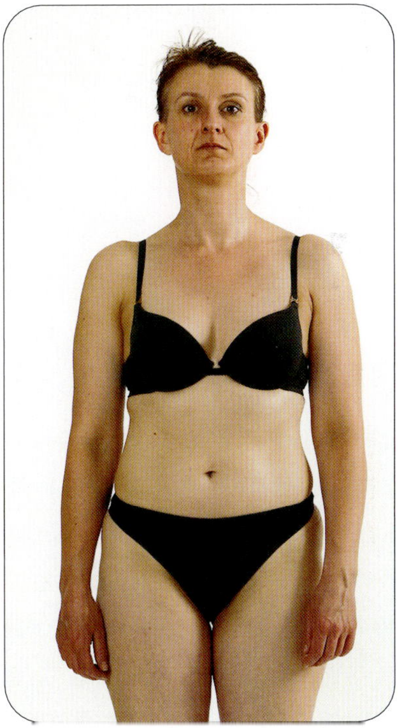

你的发现意味着什么

圆肩时常伴随着驼背发生，这可能暗示着胸部前侧肌肉紧张，肱骨内旋情况加重。肱骨内旋是否会导致肩关节前部结构（如肱二头肌长头）的挤压？

第七步 胸部

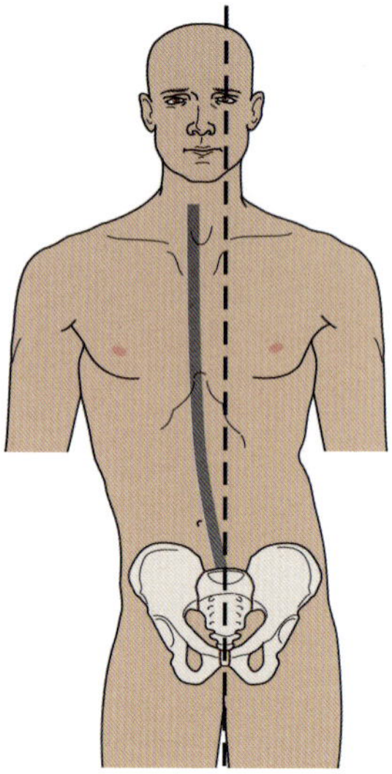

胸椎可能会由于颈部和骨盆的关系产生侧移或者旋转。如图所示，脊椎由一条阴影线表示，人体的中垂线由虚线表示。你可以观察到受试者的胸部和头部都是向右偏移。

评估胸椎是否存在移位，你可以问自己如下问题：胸骨是否位于中垂线上？胸腔是否位于骨盆的正上方？胸腔是否出现旋转或向一侧倾斜的情况？

你的发现意味着什么

导致胸椎移位的原因有很多，例如上图提示存在坐骨神经痛现象。但是，这并不意味着存在胸椎移位就代表有坐骨神经痛的问题。脊椎侧弯和肌肉不平衡都能导致这样的体态。当胸椎旋转，颈部和腰椎也会代偿性地发生位置上的改变。

贴士 你可以通过以下动作来感受胸椎转动对于颈部的影响：朝前站直，保持你的头部、颈部和髋关节位置不变，向右旋转你的身体。注意过程中感受肌肉张力增加的情况，你会发现要想在你身体向右旋转的同时，保持你的脸朝前，你必须收缩使头向左旋转的颈部肌肉。

第八步　提携角

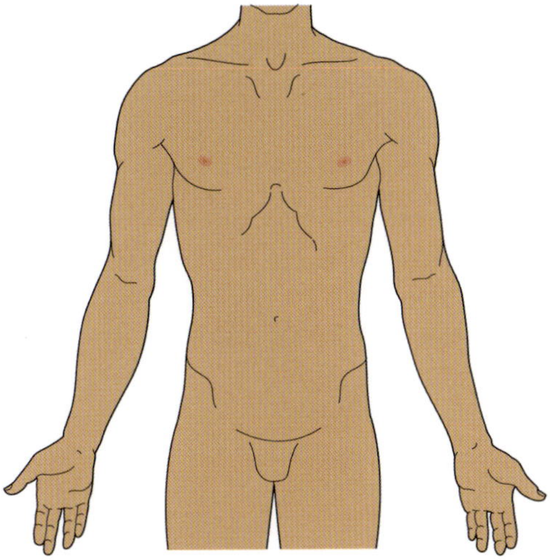

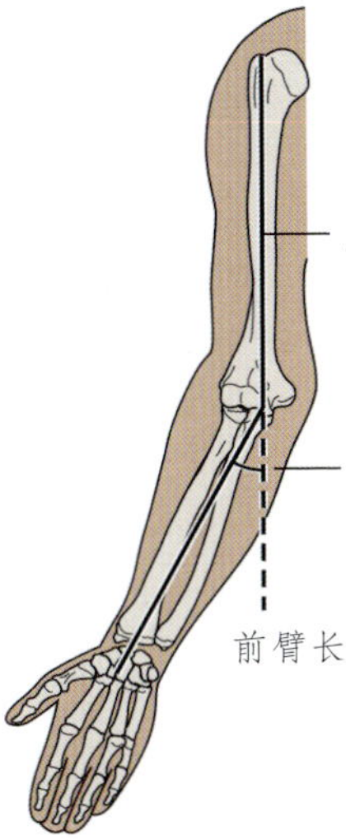

提携角是肱骨长轴和前臂长轴之间形成的夹角。让受试者双掌朝前处于解剖位站立,并让他保持手肘伸直,前臂旋后的姿势。此时受试者的手肘呈现的角度是怎么样的?

你的发现意味着什么

男性提携角通常为5°,女性通常为10°~15°(Levangie and Norkin, 2001)。肘部骨折后提携角可能会过大或者过小。不正常的提携角可能影响人上肢的承重能力(例如当你在做俯卧撑的时候)。

第九步　手臂

观察双侧手臂和手上肌肉的形状和体积，就像在进行背面体态评估时测量下肢的围度一样。同时要注意受试者上肢的位置。他的上肢是紧贴身体还是离身体有一定距离，位于一个比较放松的位置？

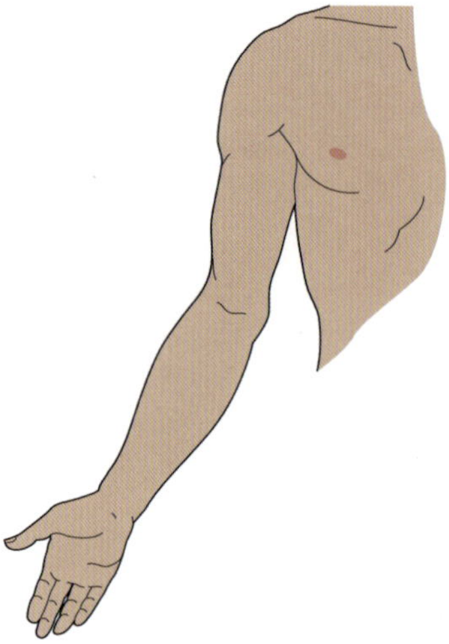

你的发现意味着什么

肌肉体积增加说明该侧手臂使用较多，而肌肉体积减小甚至萎缩可能说明该侧手臂使用率较低，这常常发生在手肘、手腕，甚至是肩部制动后。手臂外展问题详见第 49 页(体态评估背面观，上半身的第 14 步)。另外如果手臂贴近身体甚至交叉在体前，表明对于该侧手臂的保护动作。

第十步　手部和手腕

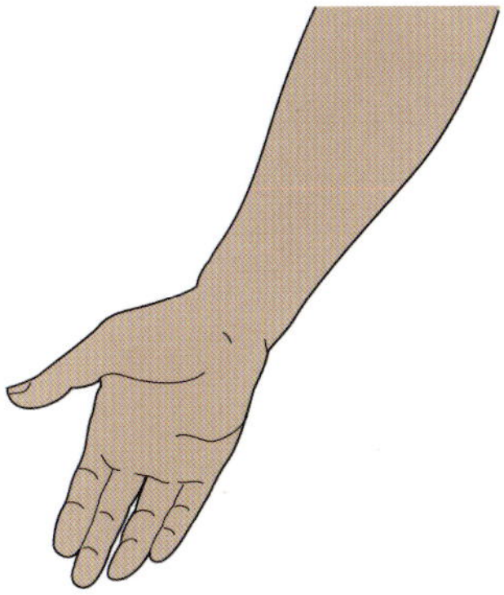

如果你正在评估受试者手部或手腕的问题，那么仔细观察他手部的细节很重要。对于手部和手腕细节的观察最好是处于坐姿状态。但是当受试者是站着的时候，可以有助于观察他是否存在水肿、瘀伤或者肤色不均。此外还要观察手指位置是否存在明显变化，尤其是大拇指。另外手掌肌肉和小鱼际是否存在萎缩？手腕关节是否等高？

你的发现意味着什么

许多因素会影响手部、手指和手腕的外观。例如，类风湿性关节炎通常表现为指关节水肿、炎症或是形状异常。显著的肌肉萎缩可能是由于神经损伤导致的。肤色不均可以提示手指末端的血液循环较差，常见于糖尿病患者。

第十一步 腹部

观察肚脐的位置是否在胸骨和耻骨联合的中位线上？观察照片中的人是否存在明显的手术伤疤？

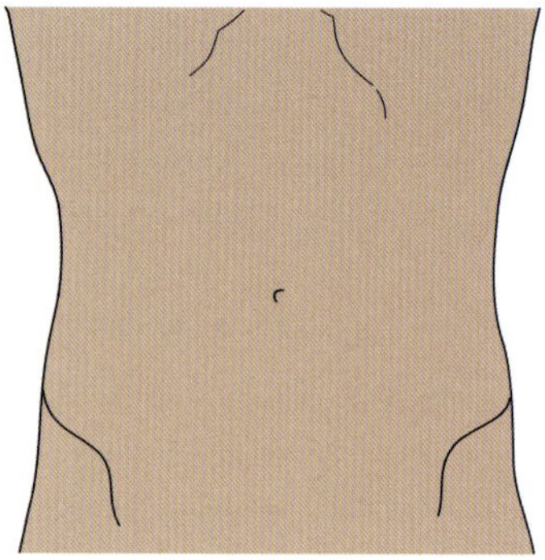

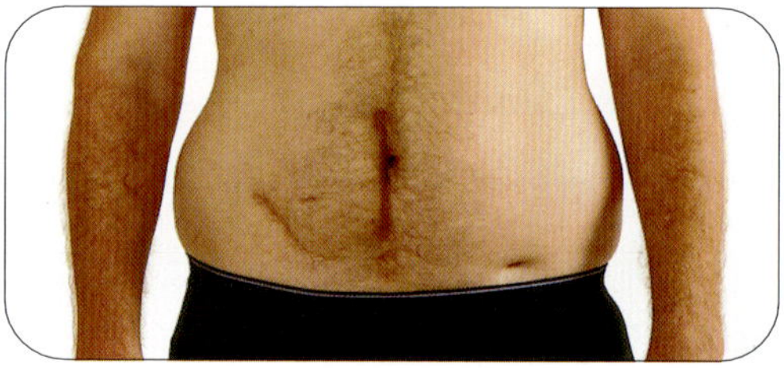

你的发现意味着什么

如果肚脐没有位于身体的中位线上，可能伴随着胸椎和骨盆的旋转。一些治疗师认为肚脐向右旋说明左边髂腰肌较短，而向左旋则说明右侧的髂腰肌偏短。虽然如此，在体态评估中当我们没有确切依据时，我们都需要保持开放的态度去看待每一个步骤。

第一步　骨盆侧倾

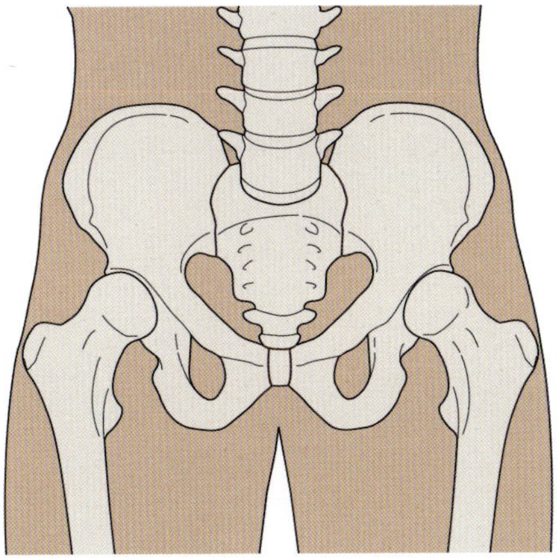
a

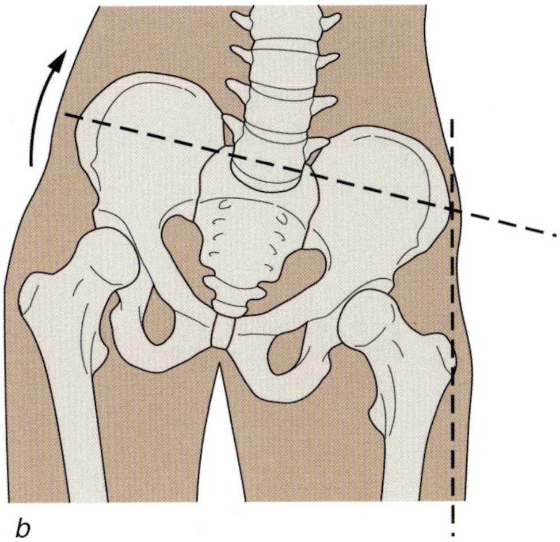
b

骨盆两侧的髂前上棘(ASIS)是否等高?骨盆有倾斜吗(比如一侧低另一侧高)?上面的图(a)说明的是一个正常的骨盆,而图(b)说明的是右侧髂骨悬高的骨盆。

你的发现意味着什么

正如你在体态评估下半身背面观中第二步(骨盆位置)中学到的一样,骨盆倾斜会伴随着腰椎的侧弯。当受试者的右侧髋关节悬高时,该侧的髂前上棘会抬高,右侧腰方肌可能短于左侧。此外,右侧的髋关节内收同时伴有右侧内收肌的缩短,而由于左侧的外展肌肉(如臀中肌)缩短导致该侧的髋关节外转。

第二步 骨盆旋转

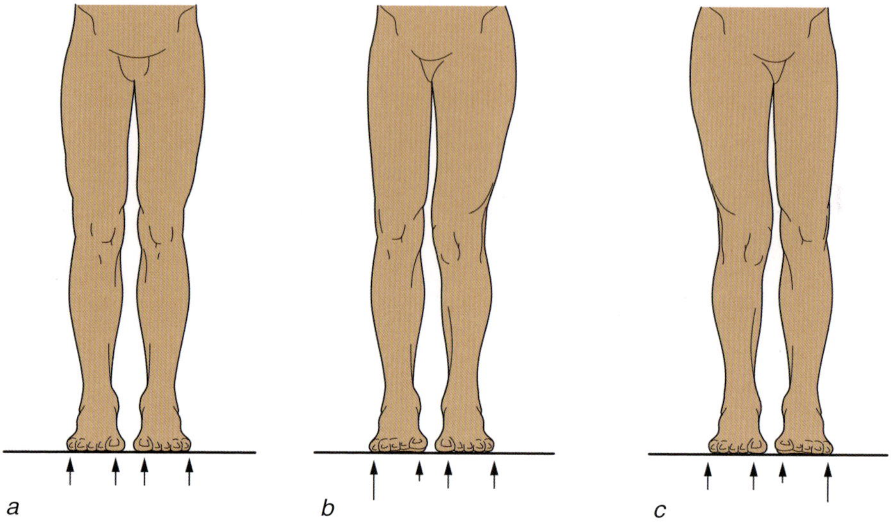

在体态评估背面观中，检查确定骨盆是否有旋转，你可进行如下操作：

a. 正常的骨盆两侧 ASIS 正常排列，膝盖朝前，脚的内外侧压力相等。

b. 骨盆向右旋转，膝盖不正对前方，对于右脚外侧压力增大。

c. 骨盆向左旋转，膝盖不正对前方，对于左脚外侧压力增大。

你的发现意味着什么

如表 5.1 所示，骨盆的旋转会影响到脚和膝盖，同时还会影响到胸椎。该方面的总结可参阅第 3 章第 58 页的内容。

表 5.1　骨盆旋转及对于脚的影响

向左侧旋转的骨盆	
左脚	右脚
▪ 外旋增加 ▪ 由于前足内翻导致脚外侧的压力增大，脚内侧的压力减小	▪ 内旋增加 ▪ 脚内外侧的压力基本相同
向右侧旋转的骨盆	
左脚	右脚
▪ 内旋增加 ▪ 脚内外侧的压力基本相同	▪ 外旋增加 ▪ 前足内翻导致脚外侧的压力增大，脚内侧的压力减小

贴士　你可以简单地通过向左和向右转动来了解骨盆旋转对于脚的影响，期间注意感受足底和地面接触部位的变化。

现在你已经掌握了一些关于骨盆的知识，那么观察下这张照片中的人，你能够发现他的骨盆左侧偏高吗？

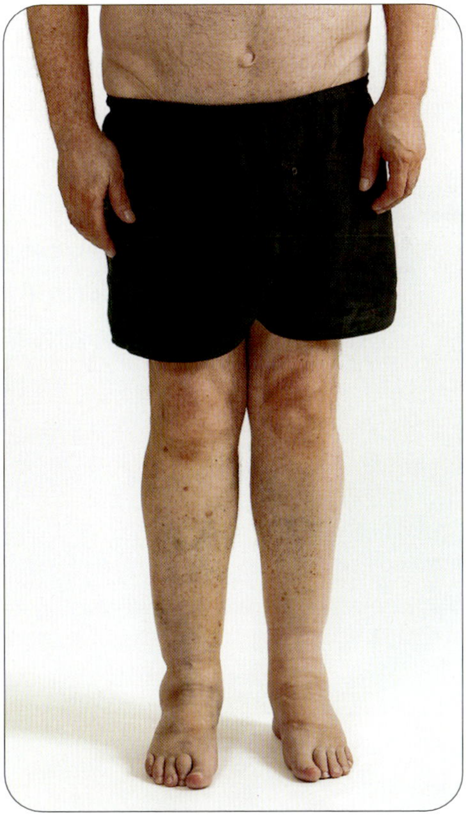

第三步　站姿

受试者是如何站立的？受试者双腿的承重是否平衡，还是存在一侧承重较大的现象？受试者自然站立时是选择双腿并拢，还是选择一个相对较宽的站姿？

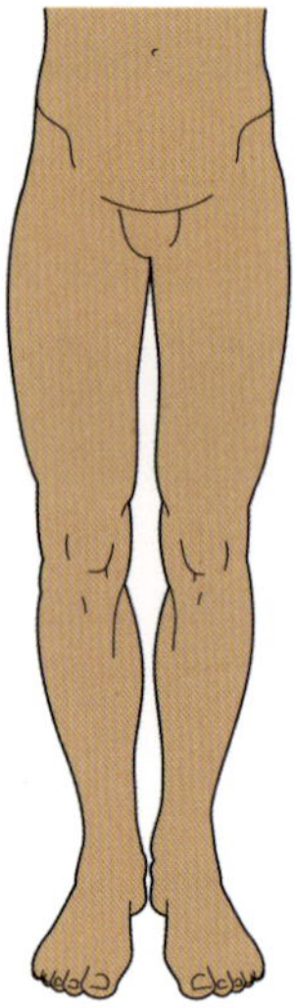

你的发现意味着什么

选择较宽站姿的受试者能够站得更稳，他们为什么选择这样的站姿？是因为他们感觉不平衡，还是他们的髋内收肌群比髋外展肌群无力呢？

贴士　如果你发现受试者选择较宽的站姿，在确保安全的前提下，让对方双脚并拢站立（让双侧内踝靠得越近越好）并询问其感受。如果受试者的髋内收肌群无力，可能就会感到明显的不平衡，不喜欢这个站姿。你可以通过双脚并拢站立来感受这个体态下髋内收肌群收紧的状态。

第四步　肌肉体积

请比较左右大腿的肌肉体积和张力是否存在差异？股四头肌的维度是否相等？

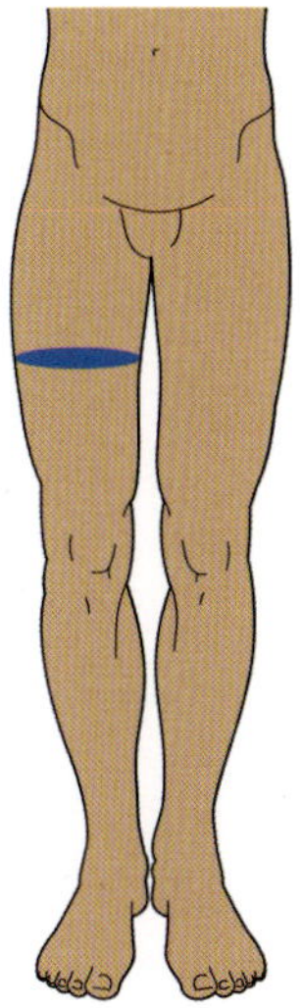

你的发现意味着什么

和其他观察肌肉体积的步骤一样，一侧大腿的肌肉体积偏大提示该侧使用次数更多或者承重更多，而大腿肌肉萎缩的一侧对于健康的人来说，说明该侧的废用。此外，下肢的肌肉萎缩常常与下肢制动或者长时间卧床休息有关。

第五步　膝外翻和膝内翻

接下来观察膝关节。让受试者双脚并拢站立，双侧内踝尽可能靠近。在这个状态下，观察受试者是否有膝内翻(a)或者膝外翻(b)的迹象？

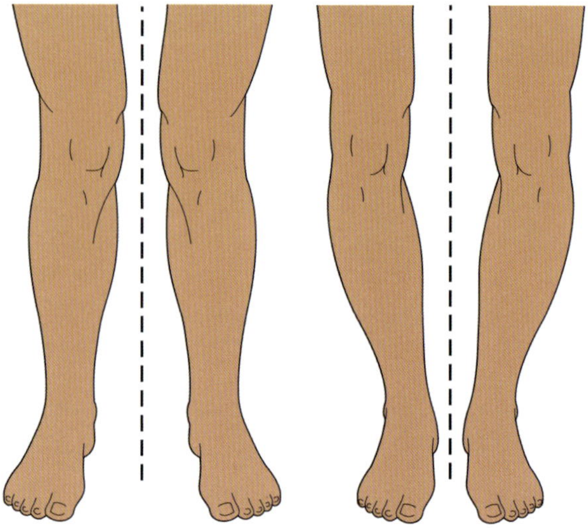

a　　b

你的发现意味着什么

膝内翻和膝外翻会同时影响膝关节和支撑膝关节的肌肉。膝关节病变或者半月板退化更常见于膝关节受压较多的一侧，而膝关节对侧会存在软组织过度牵拉的问题。

膝外翻是否会导致膝关节外侧的压力增加，而使膝关节外侧退变早于内侧？相对的，膝内翻是否会导致膝关节内侧的压力增加，而使得膝关节内侧退变早于外侧？从结构上来说，膝外翻会导致大腿外侧肌肉(如髂胫束和股二头肌)比内侧的肌肉(如股薄肌、半膜肌和半腱肌)相对更短。而膝内翻会造成大腿内侧的肌肉(如股薄肌、半膜肌和半腱肌)比外侧肌肉(如髂胫束和股二头肌)相对较短。表5.2总结了这些信息。

表5.2　膝外翻和膝内翻对膝关节和周围软组织的影响

	膝外翻(X形腿)	膝内翻(O形腿)
膝关节变化	增加膝关节外侧的压力	增加膝关节内侧的压力
拉长的肌肉	股薄肌 半膜肌 半腱肌	髂胫束 股二头肌
缩短的肌肉	髂胫束 股二头肌	股薄肌 半膜肌 半腱肌

第六步　髌骨的位置

髌骨应与胫骨粗隆在同一直线上，观察髌骨是否有滑动轨迹异常的情况。图 a 体现右膝滑动轨迹向内侧偏斜，图 b 显示右膝滑动轨迹向外侧偏斜。此外，髌骨滑动轨迹是否正常，还是压向膝关节还是向外翘起？

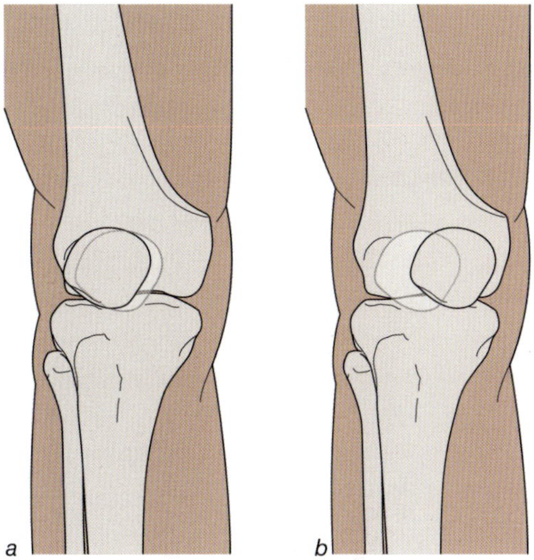

你的发现意味着什么

由于髌骨位于股四头肌腱之下，与筋膜和其他组织相连接，那么髌骨内侧和(或)外侧肌肉或筋膜的张力增加是否会导致髌骨滑动轨迹异常呢？例如，髌骨滑动轨迹向外偏斜是否是由于膝盖外侧支持带和髂胫束张力增加呢？而髌骨滑动轨迹向内偏斜是否由于股内侧肌的张力增加呢？

髌骨压迫膝关节的情况常发生于站立时膝过伸的受试者中，对此你可以参考第 88 页下半身侧面评估的第三步内容。膝关节前侧疼痛有时可能是由髌骨翘起造成的，导致髌尖插入膝盖下方的脂肪垫，这种情况可能是由于外力或者长期的膝过伸造成的。

第七步 膝关节旋转

正常情况下,髌骨应该与胫股关节一致朝前。这意味着如果受试者站立时脚稍稍向外旋转,他的髌骨应该和预期的一样稍稍向外转,并且仍然在正常排列的位置上。但是,如果受试者的股骨和(或)胫骨存在旋转的情况,那么髌骨在这种情况下将不再朝向前方。

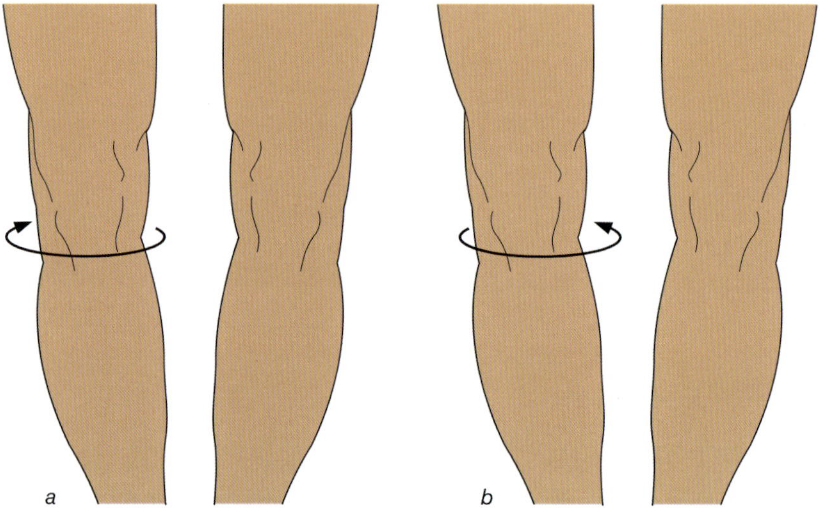

外旋(向外侧)　　内旋(向内侧)

贴士 评估膝盖正面观的一个有趣的方式是将髌骨想象成车头灯,它照射的方向如何?光束照在地面什么位置呢?

你的发现意味着什么

外旋的髌骨时常会伴随着该侧的股骨和(或)外侧胫骨外旋。而内旋的髌骨往往会伴随着该侧的股骨和(或)内侧胫骨产生内旋。对于站立时有膝过伸的受试者而言,其髌骨倾向于压紧股骨并向下移而不是朝向正前方。如果把他们的膝盖想象成车头灯,那么他们的灯照射到地面的位置会比正常人更近。

作为你体态评估的补充,你可能想要做些测试来帮助确诊。对于胫骨扭转的一个简单的检查方法是去观察胫骨粗隆的位置。就和你知道的一样,它应该位于胫骨前侧的中线上,并会随着骨头的扭转改变位置。

现在你已经了解膝关节，来一起观察下面的照片，看看你能否观察到图 a 中左腿存在膝外翻的问题，你认为如此体态的人双脚承重是否相等？图 b 中的膝盖看上去有点膝内扣（此外你注意到她的股内侧肌也很突出）。她的胫骨、足和踝都是正直向前的，那么这位妇女是否有股骨内旋的问题？再观察图 c 中受试者的右膝，你能否发现不仅膝关节本身，右下肢整体都存在外旋的问题？如果把髌骨当成车头灯，比较下图 a、b、c 中分别会产生怎么样的光束。

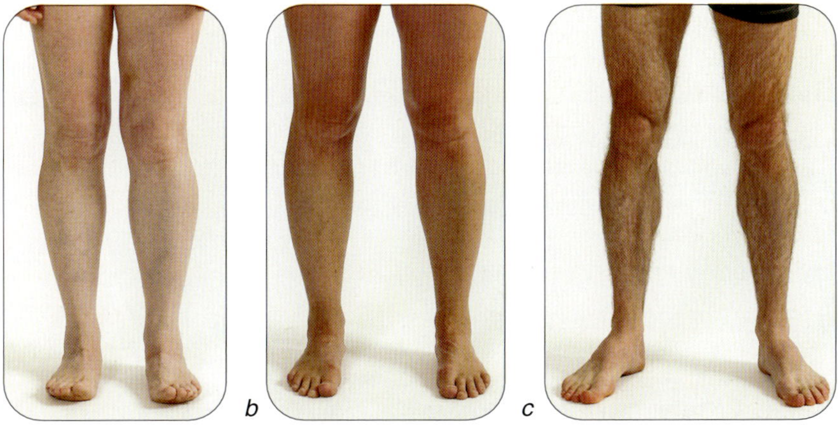

a b c

第八步 Q 角

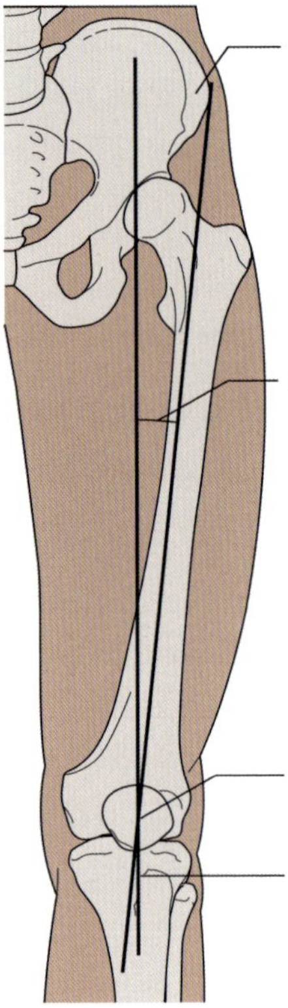

Q 角用于描述骨盆、腿部和足之间的关系。它测量的是股直肌和髌韧带之间的夹角,因此命名为 Q 角。理论上来说,了解这个角度可以帮助我们预测一些膝关节伤病的发生率并有助于未来的预防治疗。如果你想确定受试者的 Q 角,请让其处于站姿进行以下步骤:

1.找到髌骨的中间点。

2.从这点出发,沿着股骨长轴向上画一条线直至髂前上棘。

3.找到胫骨结节。

4.在髌骨中间点与胫骨结节之间画一直线并反向延伸,从而与第一条线形成一个夹角。

两条线形成的夹角即 Q 角,一般在 15°~20°之间, 不同性别的受试者 Q 角大小也各有不同。

为了更准确地测量 Q 角,建议受试者在站姿下进行,而不是仰卧位测量,因为站立时髌骨会处于正常的承重状态。

你的发现意味着什么?

女性相比于男性 Q 角更大,因为女性的骨盆更宽。已经证实如果 Q 角大于正常的角度,受试者在依靠下肢进行抗阻运动时,髌骨可能会受到更大的压力。这可能会引起髌骨的滑动轨迹偏离正常位置,无法在股骨髁间窝上顺畅地滑动而出现微小损伤。长此以往,会导致更加严重的病变,例如髌骨软骨退化。

足内翻的受试者通常会因胫骨的内旋导致不正常的 Q 角。久而久之,生物力学的改变会导致膝关节的压力增加,从而造成更严重的膝部问题。但同样需要记住,受试者的 Q 角异常膝关节并不一定有伤病。

第九步　胫骨

现在观察小腿，通过观察双侧的胫骨粗隆的位置来判断受试者胫骨是否有扭转。胫骨通常稍稍外旋并伴随着脚的外旋。此外还要观察胫骨的形状是否有弯曲。

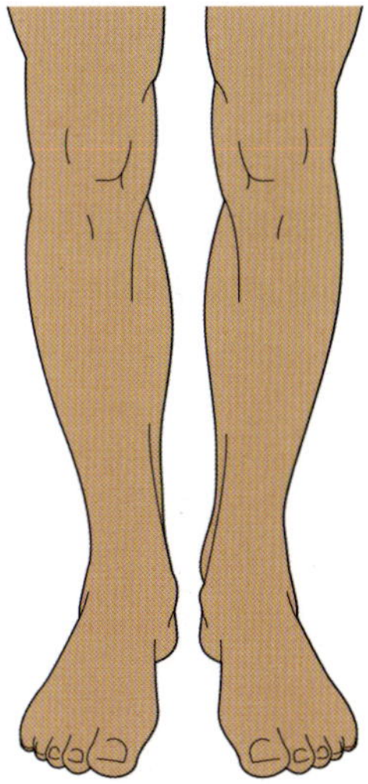

你的发现意味着什么

弯曲的胫骨可能提示受试者存在软骨病或骨头的凹面受到的压力增加。胫骨外旋导致外八字站姿，常常伴随着足内侧纵弓增加和足跟内翻增加。胫骨内转会导致内八字脚位，足纵弓降低和足跟外翻。表 5.3 总结了这些信息。

表 5.3　胫骨旋转与足位置之间的变化关系

	胫骨外转	胫骨内转
脚的总体位置	外八字	内八字
脚自身的变化	旋后幅度增加，足跟内翻，足内侧纵弓高度增加	旋前翻幅度增加，足跟外翻，足内侧纵弓高度减小

第十步 脚踝

当观察脚踝时,双脚内踝应为等高,外踝也等高。再观察是否存在水肿或者肤色不均的迹象。是否存在任何内翻或者外翻的问题?换句话说,受试者脚是否存在任何外旋或者内旋,使得脚外侧受到更多压力且脚内侧和地板之间的间距增加?

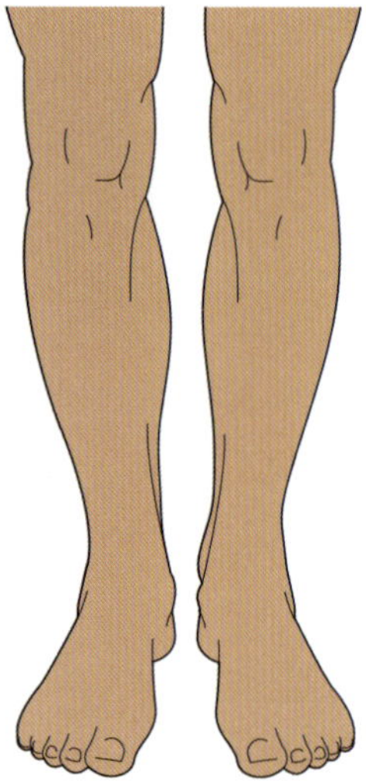

你的发现意味着什么

想要更详细了解踝关节位置改变的影响,请参考第 68 页的背面观体态评估中的第十二步(踝关节)的内容。

图中呈现的脚踝体现了儿时的肌肉骨骼损伤可能会对我们一生造成严重的影响。这位 74 岁的老妇人在小时候左踝受过很严重的骨折。

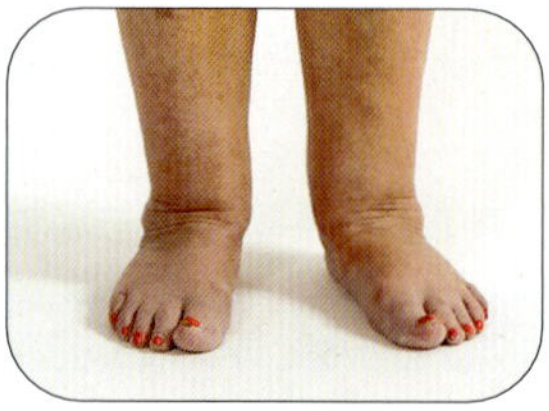

第十一步 脚的位置

看一下受试者是如何摆放脚的位置的？脚向外旋转的角度应该相同，距离中垂线等距。

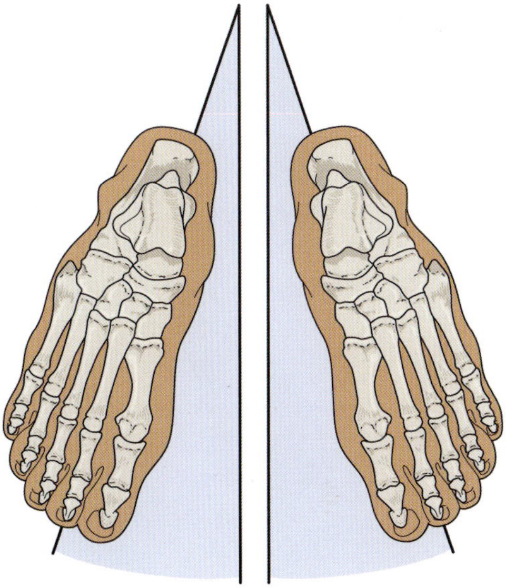

你的发现意味着什么

如果双脚呈芭蕾姿势站立可能由于髋关节和(或)胫骨外旋导致的。髋关节外旋可能说明臀大肌、臀中肌后束和髂胫束的缩短。受试者如呈内八字站立，那么其髋内旋肌缩短和(或)胫骨内旋。表 5.4 总结了这些信息。

表 5.4 与外八字和内八字脚位相关的变化

	外八字脚位	内八字脚位
髋关节可能位置	髋关节外旋	髋关节内旋
胫骨可能位置	胫骨外转	胫骨内转
可能缩短的肌肉	股骨外旋肌；髂胫束	股骨内旋肌

第十二步　扁平足和高弓足

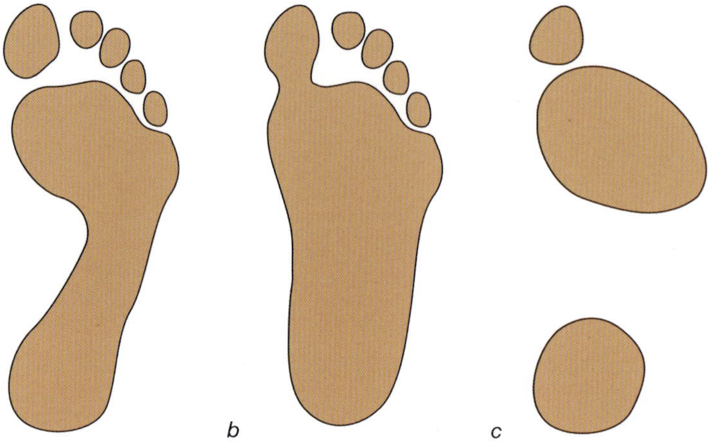

脚的内外侧应该平均承重(a),观察受试者是否存在扁平足(b)或者高弓足(c)。对于扁平足而言,足内侧甚至会完全接触地面,不存在任何空隙。对于高弓足而言,足内侧与地板的距离会比正常的更大。

贴士 如今许多的鞋子制造商会备有足底压力测试仪,用来了解潜在买家在站立和跑步时的脚底压力分配情况。取脚印是一个较为原始的方法来评估站立时身体的重量分配。显然,观察足弓并不是体态评估的常规项目,但当你在为家人和朋友做体态评估时可以作为一个趣味项目进行。

你的发现意味着什么

扁平足可能由于先天的跖屈肌群偏弱且脚对应的韧带过伸导致的足弓塌陷,伴随着距骨旋前,导致距骨有时滑动到跟骨内侧。长时间的扁平足可能会由于足底肌肉过度牵拉造成小腿和脚踝的疼痛。高弓足体现的是足弓高于正常的状态,伴随跟骨旋后,脚余下部位旋前。此外还要记住,身体的旋转也会影响脚和踝的体态。表 5.5 总结了这些信息。

表 5.5　扁平足和高弓足相关的改变

	扁平足	高弓足
足弓的变化	足弓减少	足弓比正常高
脚骨位置的改变	距骨滑动到跟骨内侧	跟骨旋后,脚的其余部分旋前
软组织的改变	先天跖肌较弱，脚底长肌过度拉伸;韧带和足底筋膜过度拉伸	先天足底肌肉和足底筋膜偏短
身体旋转的关系	身体左转右脚旋前增加,身体右转左脚旋前增加	身体左转左脚后旋增加,左脚外侧的压力增加;身体右转右脚后旋增加,右脚外侧的压力增加

第十三步 其他的观察

和之前几章(背面观和侧面观)进行的体态评估一样，在这部分你可以记录下之前没有记录的所有信息。特别注意关节的水肿、肤色不均和瘢痕的问题。在此照片中,你能否发现右侧胫骨前肌张力增加？这可能是因为在拍照时受试者正在调整体态,或者其左右腿肌肉肌腱有很显著的不同。

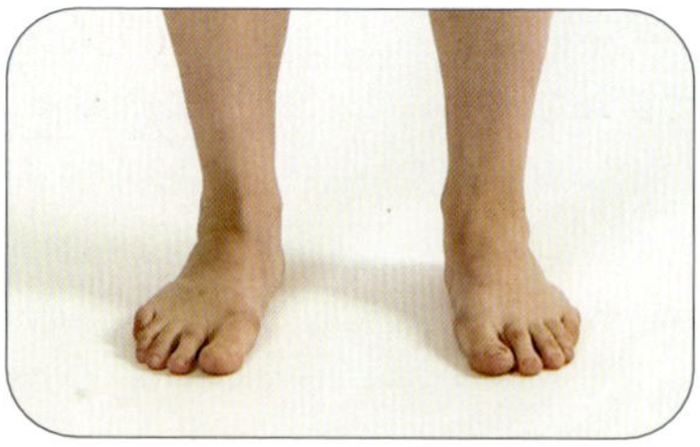

在结束你的评估之前,向后站整体地去观察你的受试者。我们每个人的身体结构(体型)都是独一无二的。常见的有三种体型:a. 内胚层型(肥胖型),b. 外胚层型(消瘦型),c. 中胚层型(健壮型)。通常内胚层型的人被形容为大块头的或者大骨架的,且比另两种体态的人有更多的脂肪堆积。相反地,外胚层型的人是三种体态中最瘦的,常常骨架很明显且体脂肪很低,他们通常被认为骨瘦如柴。中胚层型的人通常比较有肌肉,被描述为运动员体型。

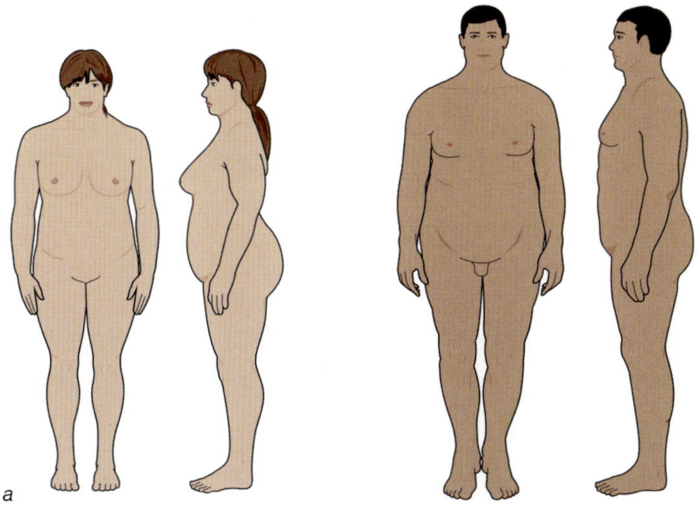

a

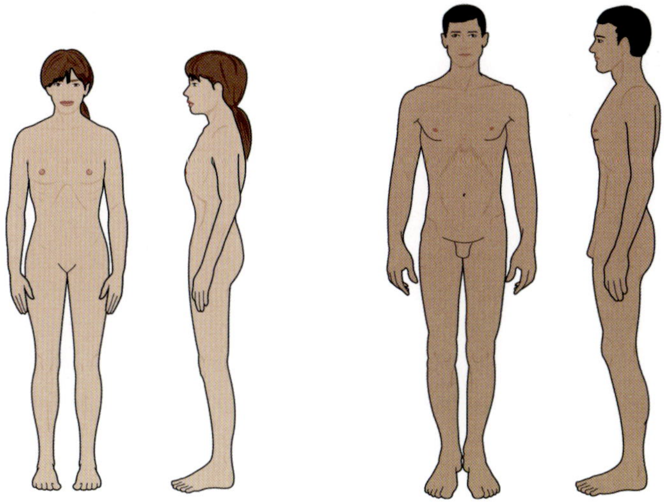

b

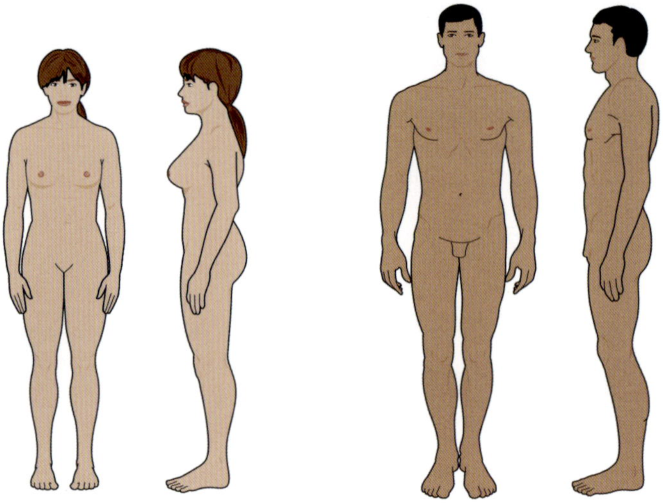

c

你的发现意味着什么

你可能认识一些马拉松跑者是又高又壮的,或者一些又瘦又结实的人。但是,一般认为某种体型结构更适合于特定的运动项目。这个信息可能能够解释为什么一些受试者在从事某些运动时受伤概率会比较高。例如,外胚层型的人通常身体瘦小,四肢很长,因此不适合去做举重的运动,因为较长的四肢不太利于保护关节和韧带。中胚层型的人恰恰相反,他们通常个子很大且壮硕,这让他们的身体更加适合举重而不是跑步。当然我们仍不建议将问题一言概之,但是不可否认这些观察在很多时候还是很有用的。例如,在为一个因从事不符合他体型的运动项目而常常受伤的受试者分析时,就能帮助更好地说明问题。

重点问题

1. 当锁骨明显朝上倾斜，这说明什么问题？
2. 肘关节正常提携角是多少度？
3. 膝外翻和膝内翻的常用名是什么？
4. 在站立时胫骨应该略微外旋还是内旋呢？
5. 如何用通俗的语言解释内胚层型、中胚层型和外胚层型人体结构？

坐姿体态评估

第 6 章

本章主要关注于受试者在穿衣情况下进行坐姿的体态评估。虽然坐姿体态评估通常不包含在整体的体态评估中，但是现在由于很多人长期伏案或驾驶而久坐，因此掌握这个体态的评估也是很重要的。本章仍然会进行分步骤讲解，其中的一些步骤你可能在背面观和侧面观时已经学习过了。本章主要针对于那些需要长时间保持坐姿的受试者，但是如果你的受试者并非这类人群，本章的内容可以有助于你进一步了解人体长时间处于一种姿势时，关节的位置与支撑它的软组织之间的影响。

本章的内容并不是要取代任何完整的身体评估，因为其中有些信息应该更适合由一位人体工程学专家去完成。同样的，这也不是针对于那些坐在轮椅上的人群，这里的内容是针对于普通大众的。如果你的受试者需要坐轮椅，那么本章的信息虽然同样会很有用，但是部分内容会存在差异，因为轮椅能够允许受试者处于更多样的体态，因此建议把这些人转交给那些专门服务于这类人群的物理治疗师。本章主要针对的是长期坐着的受试者，而这类人群在近几年有增长的趋势。

你可以仅仅只把本章的内容作为参考，或者你还需要使用第 155 页的评估表评估受试者坐姿时的体态。但请注意这些表格只包括了背面和侧面观，这是因为受试者坐在桌前或者车里时，往往你无法观察到其前面的体态。

如果你已经进行过背面和侧面的体态评估，那么你会对本章的内容比较熟悉了。需要注意的是本章并不涉及之前几章背面观和侧面观所涉及的全部内容，因为此时受试者是穿着衣服的，所以你无法观察到例如骨架、皮肤皱褶和一些关节的位置。但是，如果你认为受试者的坐姿是造成他身体问题的原因，那么让受试者只穿内衣裤坐在观察室的椅子或凳子上进行坐姿的体态评估是很有必要的。

当然最佳方案是你能让受试者坐在其日常的工作台前进行观察,退而求其次的方法是让受试者模拟其在工作时的坐姿，比如想象自己在打字或者使用鼠标的姿势。需要注意的是,你应该让其采用一天中绝大多数时间采取的坐姿,而不是一早去上班时的坐姿。下面的三张照片分别展示了:a. 一早开始上班时;b. 非常专注于面前的电脑屏幕时;c. 一天上班快结束时的可能坐姿。你可以观察下其脖子的变化,特别是一天下来当受试者靠在椅背上时脖子所处的位置。

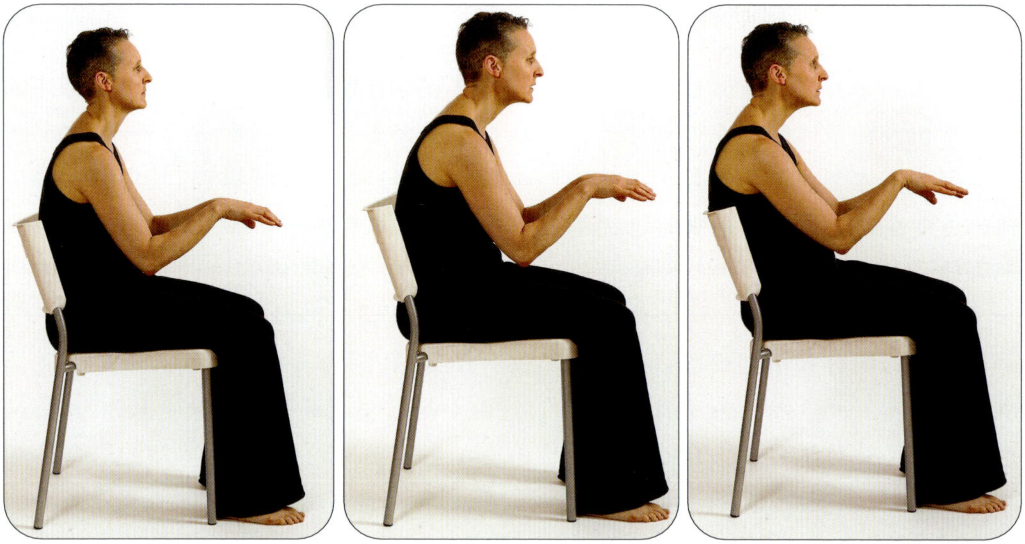

a *b* *c*

建议你在进行后面的评估过程中坐在受试者的身后,这样会有助于你的观察。

第一步　头部和颈部的位置

从检查头部和颈部的位置开始着手，观察受试者的耳垂是否等高？受试者颈部是否有侧屈？你是否能够看到颈部旋转的痕迹：比如能看到一侧的耳朵或脸颊多于另一侧。仔细观察颈椎的肌肉，是否存在一侧的肌肉紧张？受试者是否在工作时长时间使用电话？如果是这样，那么让其演示一下工作时打电话的姿势，注意受试者是否会使用耳机还是用一侧耳朵夹着听筒？

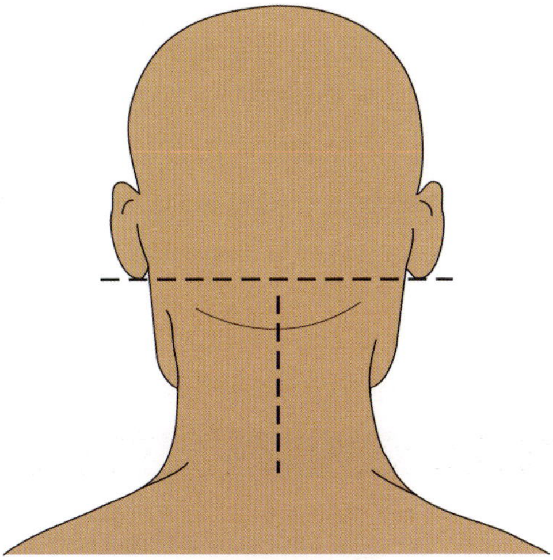

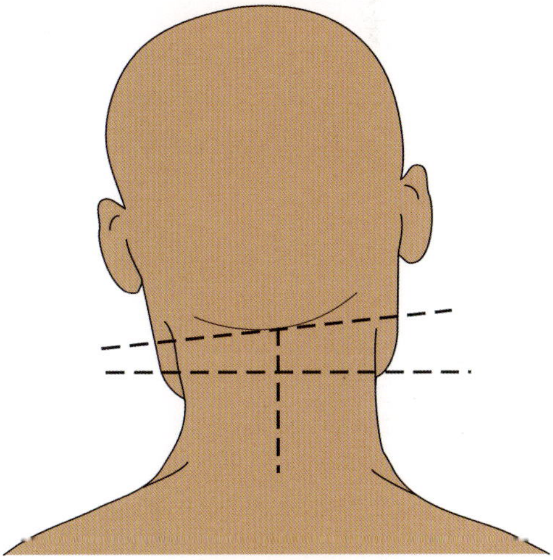

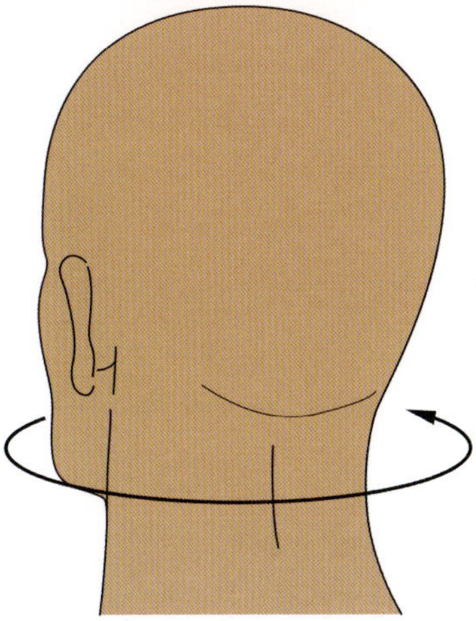

你的发现意味着什么

不等高的耳朵可能说明受试者的头偏向一侧，其中颈椎侧屈向耳垂较低侧。颈部侧屈也常常发生在有肩部疼痛的受试者中。为了减轻疼痛，他们倾向于向疼痛的一边侧屈。颈部侧屈可能是由于弯曲侧的肌肉缩短。头部的旋转可能是由于受试者的工作位置偏向一侧导致的。例如，键盘可能位于受试者正前方，但是常常需要转向右边去阅读文件。对于解剖学和生理学不太擅长的评估者可参考表 6.1 中的信息。

表 6.1　颈部的侧屈或旋转会导致哪些肌肉缩短

	侧屈	旋转
向右	右侧肩胛提肌	左侧胸锁乳突肌
	右侧胸锁乳突肌	右侧斜角肌
	右侧斜方肌上束	右侧肩胛提肌
向左	左侧肩胛提肌	右侧胸锁乳突肌
	左侧胸锁乳突肌	左侧斜角肌
	左侧斜方肌上束	左侧肩胛提肌

第二步　肩膀高度

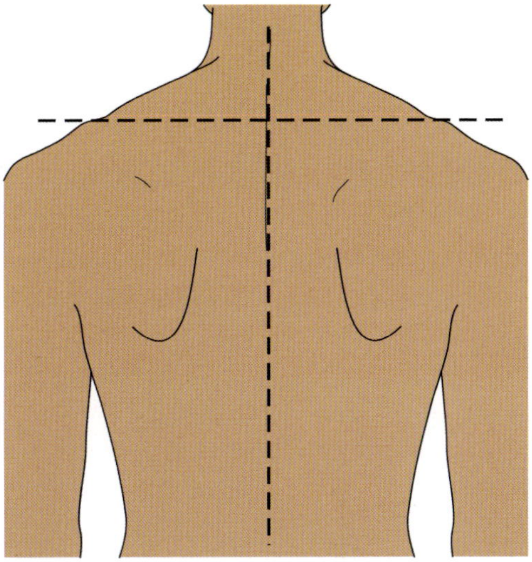

接下来，观察一下受试者的肩膀是否等高？受试者的手臂是如何放置的？受试者是否将手臂放在椅子的扶手上或是桌面上，或放在键盘上或是其他特殊的手臂支撑物上？如果受试者是在开车，他是将双手都放在方向盘上还是主要用一只手驾驶？是否一只手握着方向盘，另一只手放在窗边？虽然这些问题主要是了解受试者如何使用他们的身体(并不算是严格的体态)，但是了解这些对于你理解受试者自然体态将有帮助。

你的发现意味着什么

因为肩部的一些肌肉也与颈部相连，耸肩与头颈部的体态联系较为紧密。颈部侧弯的受试者该侧的肩部可能会有耸肩的问题。在第 40 页体态评估背面观的第八步中，我们学到了如何判断肩胛骨是否上抬的方法，因为上抬一侧的肩胛骨肩胛下角会比另一侧要高。但由于受试者穿着衣服我们无法观察到肩胛下角的位置，所以可以通过触诊来了解。

对于喜欢单手架在汽车窗沿上或者椅子扶手上的受试者，常常会导致该侧身体肩胛提肌被动缩短。这是否是由于对侧的手臂肌肉做等长收缩造成的？因此这些受试者肩部出现问题都在收缩一侧，而不是放松的一侧。另外，与人的颈部会倾向肩部有问题一侧同样道理，由于该侧身体的肌肉会出于保护性地缩短，受试者则会不由自主地通过耸肩(单侧或双侧)来缓解不适。这也说明了为什么在体态评估之前有进行病史采集的必要性。

第三步　胸椎

接着观察受试者的工作台是正对之还是靠向一边。观察受试者椅子和其髋关节的位置，是否存在髋关节与胸椎朝向不同方向的问题？

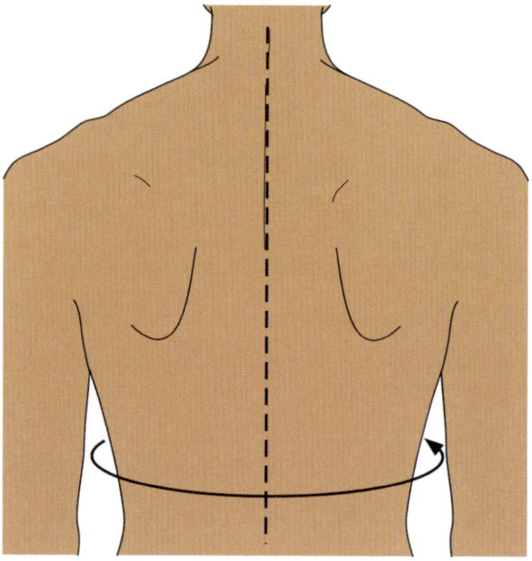

你的发现意味着什么

如果受试者的工作台和他髋部正对的位置存在稍稍的移位，受试者不得不将胸椎转向工作台。详细的关于骨盆旋转的内容，请参见第47页的表3.2。

第四步　髋关节和大腿的位置

除非受试者坐在板凳上，否则你将很难从其身后观察到受试者髋部和大腿的位置。因此，你可以站起来观察受试者是如何坐的：坐的时候大腿是否并拢；脚和脚踝是否稍稍接触；大腿是否外展；还是习惯于翘着二郎腿？

你的发现意味着什么

长时间髋外展的坐姿代表受试者的臀大肌较长较弱，而臀中肌较短且变弱。许多喜欢翘着二郎腿坐的人可能是想要缓解腰椎的不适。但是如果他们长时间保持这样的坐姿（如左脚跨在右脚上），那么这可能会导致软组织变性和功能障碍。

第五步　脚的位置

观察受试者脚的位置是坐姿背面观体态评估的最后一步。受试者的脚是否平放于地面？她是否穿着高跟鞋，迫使踝跖屈？他是否将双脚缠着椅子腿或者是双腿交叉放置？

你的发现意味着什么

穿高跟鞋会导致脚和踝的跖屈肌缩短。你能否在上图中观察到受试者的脚踝处于外翻的状态，并且伴随着腓骨肌变短？试试这样坐着，你会注意到髋关节产生了内旋，而这也同样会造成体态上的问题。

现在，我们变动坐着的位置来从侧面观察受试者的体态。

第一步 头部和颈部的位置

试问下自己受试者的头部和身体的关系如何？头部是位于胸腔正上方还是前倾？颈椎的生理曲度如何，正常、偏平还是存在曲度增加？如果可以的话注意观察颈胸椎连接处的形态，比如第七颈椎(C7)的棘突是否比正常的要突出？

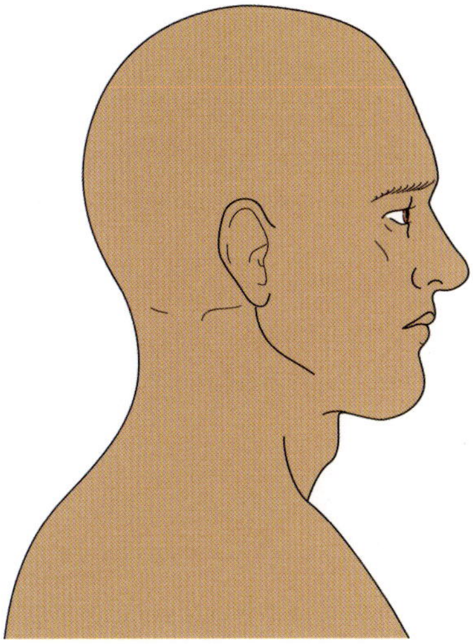

你的发现意味着什么？

当头没有位于胸椎的正上方，那么颈部、胸和手臂都可能受到影响。保持颈椎的侧屈可能会导致斜角肌缩短，并且使颈部伸肌群变长变弱。对于这些肌肉的压力增加不但会导致颈部疼痛，还会造成肩和上背部的疼痛。

相反的，当脊椎前凸程度增加时，颈椎的伸展肌群可能变短变弱，伴随着颈部屈肌群变长变弱。在这个姿态下，会增加颈椎间盘后侧和小关节的压力。你是否遇到过由于长期头部前伸体态造成神经性症状的受试者？是否可以将这些症状归结为因体态造成的神经受压？

前伸的头部还会造成胸椎后凸曲线更明显，由此胸腔容积减小。

第二步　胸椎

受试者习惯长时间保持静止不动坐姿，那么很有可能会导致胸椎后凸曲线增加。而胸椎区域的曲度增加可能由于代偿导致颈椎或(和)腰椎也产生曲度增加。

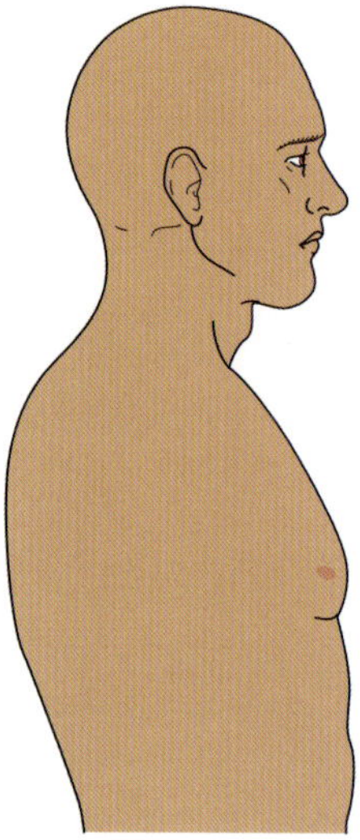

你的发现意味着什么

严重的脊椎后凸体态常伴随着胸前区域肌肉缩短和呼吸变浅的症状，这是由于胸腔容积减小。有时由于受试者弯腰坐着，而导致上腹肌缩短。如果颈部生理曲线前凸，造成其颈屈肌、背伸肌、斜方肌中下束，菱形肌(导致肩胛骨前伸)变弱。此外，如果伴随肱骨内旋，那么肩内收肌和肩袖旋内肌同样可能缩短。毫无疑问，颈肩部疼痛多见于驼背的受试者，通常是肌肉不平衡导致的。

第三步　肩部的位置

接着观察肩部，虽然在坐姿无法获得在站姿时一样多的信息，但是如果受试者脱去衣物，仍然能够轻易地观察到肩与头颈部的位置关系。受试者的肩部是否有前伸，该体态是否与驼背有关？受试者是否采取少见的军人一样的坐姿，挺起胸膛、双肩后缩？如果受试者的双肩同时握方向盘，那么他的双肩是否会存在屈曲状态？

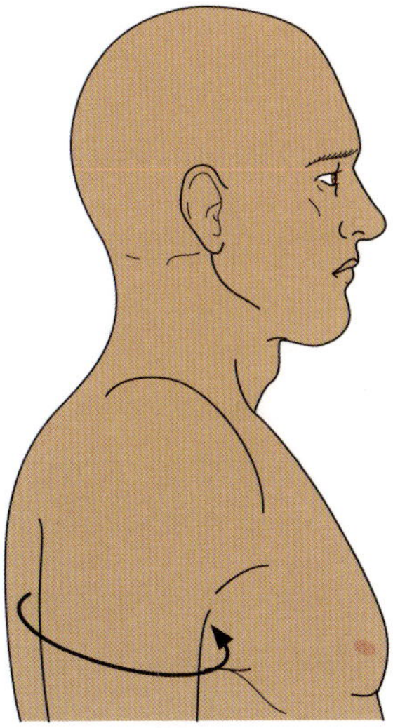

你的发现意味着什么

许多人坐姿前倾往往是由于坐在桌前双肩前伸导致的，并对受试者不仅仅是肩关节，还包括胸腔和颈椎造成连带影响。因为这个体态常常会伴随颈椎曲度的增加，这与受试者颈伸肌缩短且无力有关。

在胸的区域，肩部前伸会造成菱形肌拉长无力，胸大肌和胸小肌变紧，肋间肌变短。此外，斜方肌下束和背伸肌群可能会被拉长而无力。盂肱关节处，肱骨内旋说明肩胛下肌和大圆肌缩短。在之前的章节中我也曾问过这种体态是否会产生肩峰撞击综合征的问题。

第四步　腰椎，骨盆和髋关节

一些人坐姿时双腿打开或者翘着二郎腿，以上任一种坐姿髋关节都处在屈曲状态。许多人都以正直的坐姿开始一天的工作，但是由于肌肉疲劳他们的坐姿会逐渐趋向于驼背并伴有骨盆后倾。你可以让你的受试者展示其最常见的坐姿。

你的发现意味着什么

当我们正直坐时，腰椎处于中立位且骨盆处于前倾，而当我们弯腰驼背坐时，腰椎变平且骨盆后倾。很多人喜欢翘着二郎腿的坐姿，这是因为骨盆前倾会导致腰椎前凸幅度增大，而翘二郎腿会降低腰椎的倾斜程度，所以他们想借此保持正直的体态。对于几乎所有长时间保持坐姿的人来说，屈髋肌群都会倾向于缩短。

通过第 4 章第 82 和 85 页学习到的内容，你知道脊椎前凸曲度增加会造成骨盆前倾，可能导致腰椎间盘的后侧和小关节的压力增加并伴有腰部竖脊肌变短，进而导致腰部疼痛。但是大多数人无法全天保持这一坐姿。弯腰的坐姿会导致腰椎前凸角度减小，这会导致身体前侧软组织缩短而腰椎后部的组织被拉长。

第五步　膝关节

在坐姿状态下，膝盖通常是弯曲的，除非受试者双腿伸直坐在地板上。

你的发现意味着什么

弯曲的膝盖与屈肌的缩短和伸肌的拉长有关。

重点问题

1. 受试者的工作台位于右边，其颈部哪些肌肉会缩短，哪些张力会增加？
2. 为什么人提肩时肌肉会被动缩短？
3. 解剖学上说，翘二郎腿会对腰椎和骨盆产生什么影响？
4. 在坐姿状态下哪一部分的髋部肌群会处于缩短的状态？
5. 在坐姿的状态下会对腘肌和膝关节后侧产生哪些影响？

附录

体态评估表

你可以在体态评估过程中使用体态评估表来记录你的发现和评价。为了记录受试者的观察结果你可以随意拷贝这些表。在表格中的每一步和本书中第 3、4、5、6 章的步骤一致。你可以参考这些章节获得更多信息来完成体态评估中的每一个步骤。

背面观体态评估表

上半身		
左侧		右侧
	第一步 耳朵高度 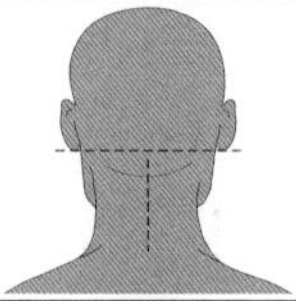	
	第二步 头部和颈部 倾斜角度 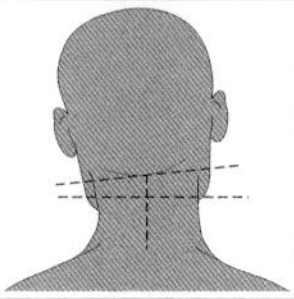	
	第三步 颈椎旋转 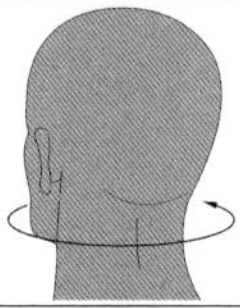	
	第四步 颈椎排列结构 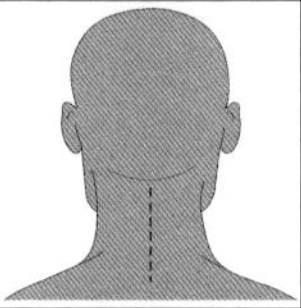	
	第五步 肩膀位置 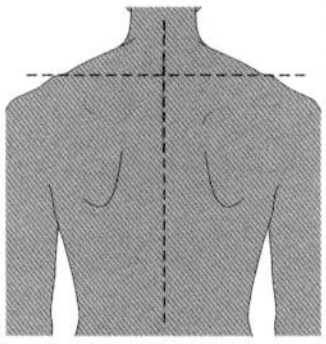	
	第六步 肌肉体积和张力 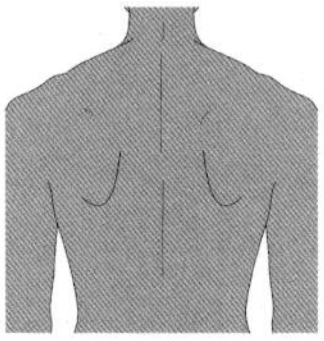	
	第七步 肩胛骨内收和 外展 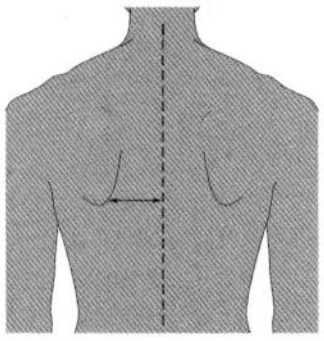	
	第八步 肩胛下角 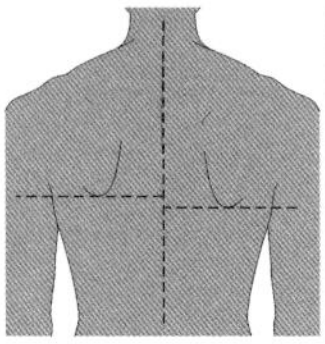	

（待续）

续表

左侧		右侧
	第九步 肩胛骨旋转角度 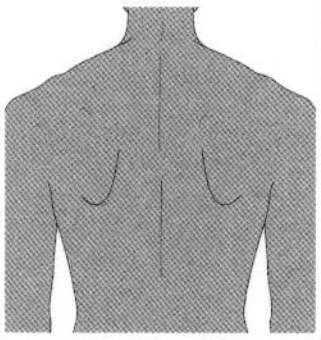	
	第十步 翼状肩 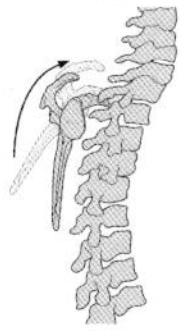	
	第十一步 胸椎 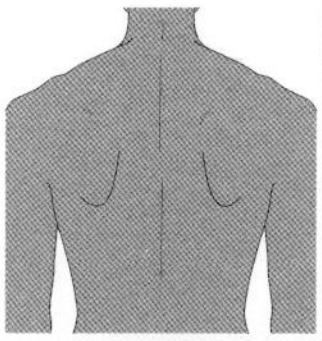	
	第十二步 胸腔 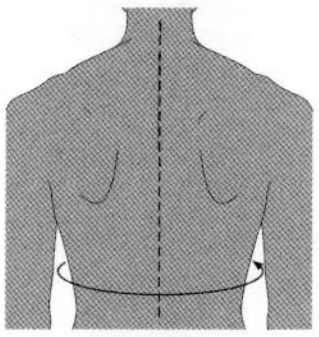	
	第十三步 皮肤褶皱 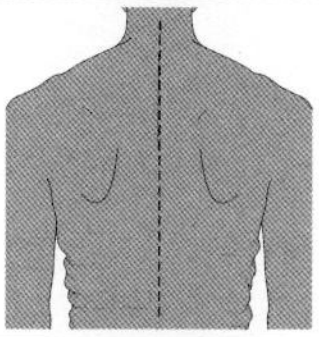	
	第十四步 上肢位置 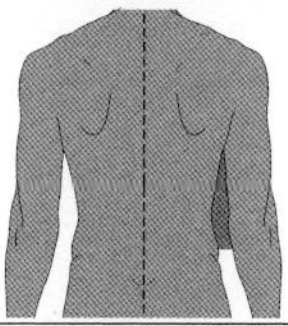	
	第十五步 手肘位置 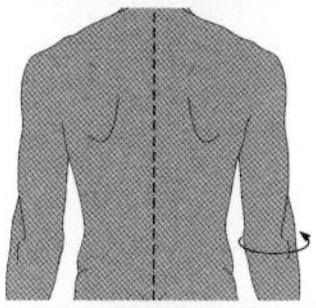	
	第十六步 手的位置 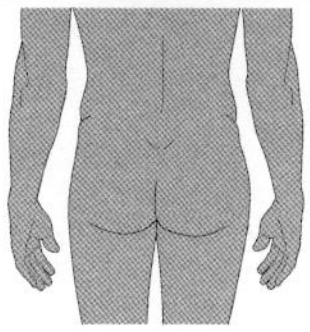	
	第十七步 其他观察	

（待续）

续表

下半身		
左侧		右侧
	第一步 腰椎 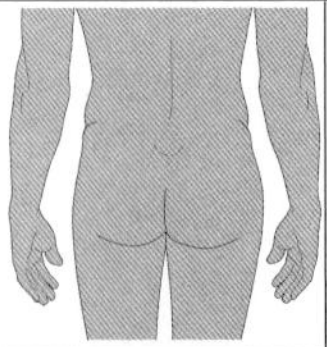	
	第二步 髂嵴 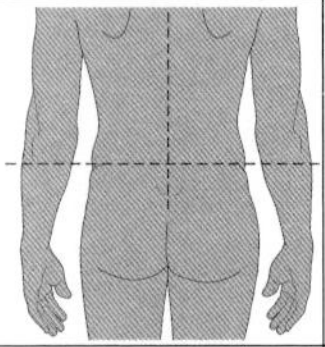	
	第三步 髂后上棘 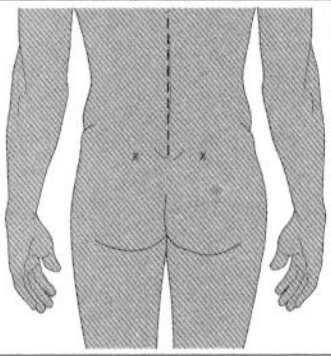	
	第四步 骨盆旋转 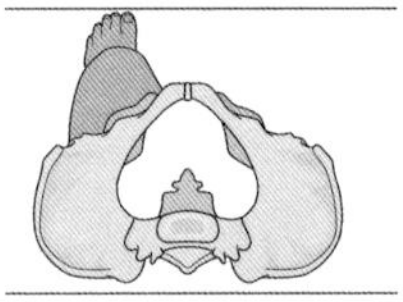	
	第五步 臀横纹 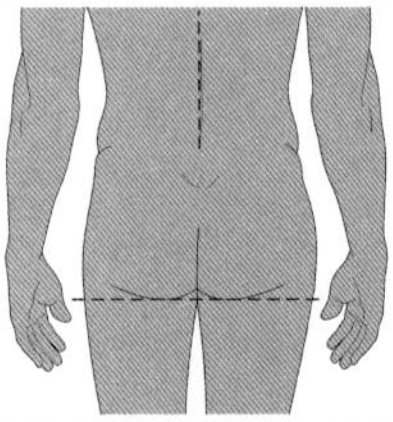	
	第六步 大腿肌肉 体积 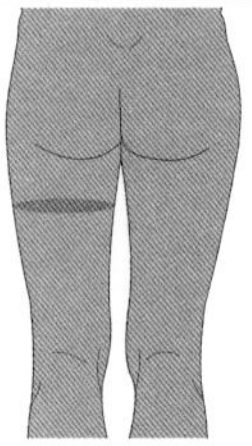	
	第七步 膝内翻和膝外翻	
	第八步 膝盖后侧	

（待续）

续表

左侧		右侧
	第九步 小腿肌肉体积 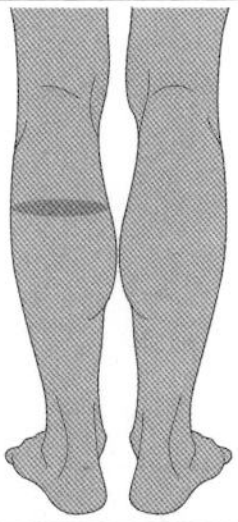	
	第十步 小腿中线 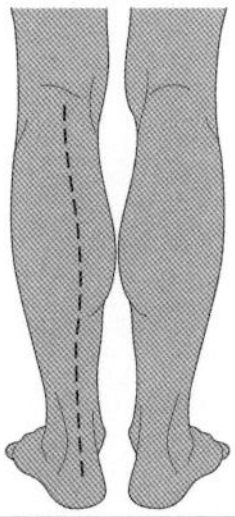	
	第十一步 跟腱 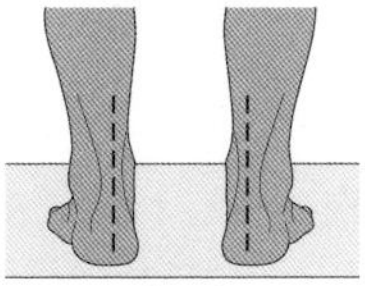 Normal	
	第十二步 内、外踝 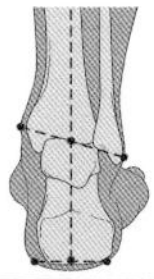	
	第十三步 足的位置 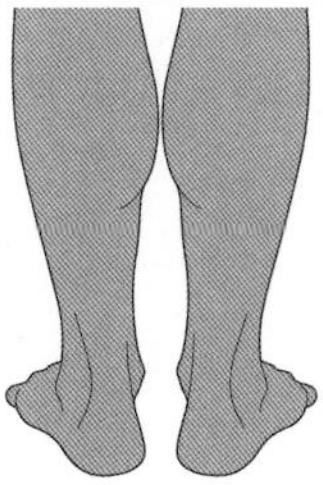	
	第十四步 其他观察	

侧面观体态评估表

上半身		
左侧		右侧
	第一步 头的位置 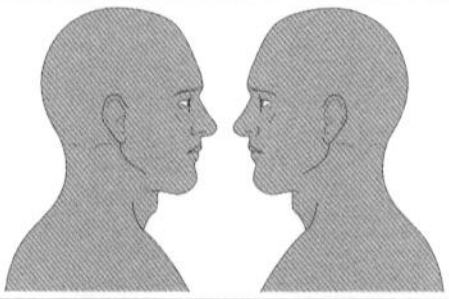	
	第二步 颈椎 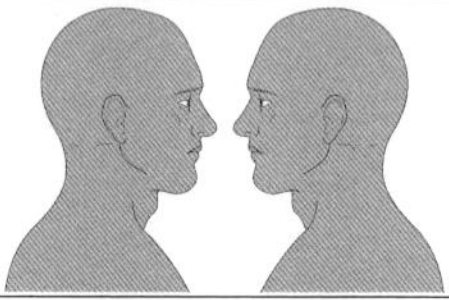	
	第三步 颈胸椎 连接处 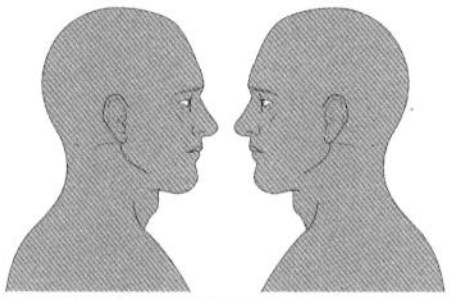	
	第四步 肩的位置 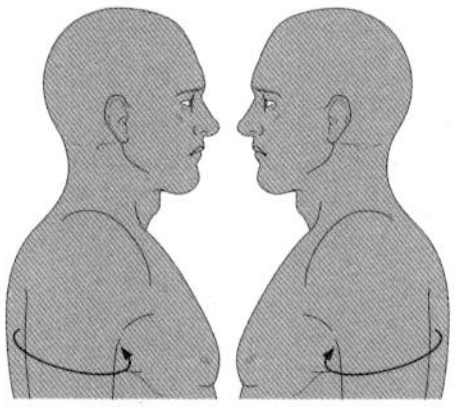	
	第五步 胸椎 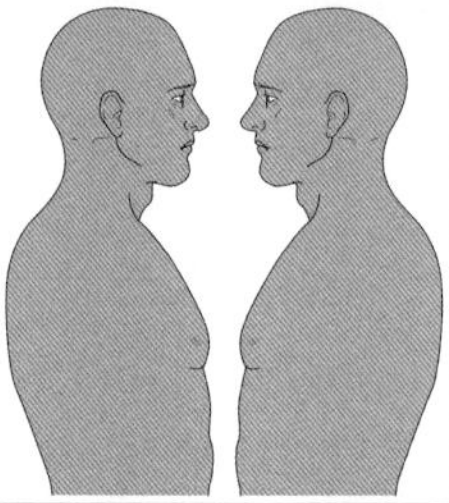	
	第六步 腹部 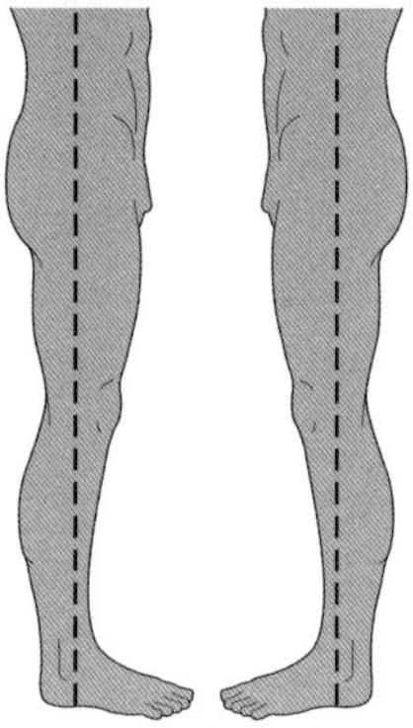	

（待续）

续表

左侧		右侧
	第七步 腰椎 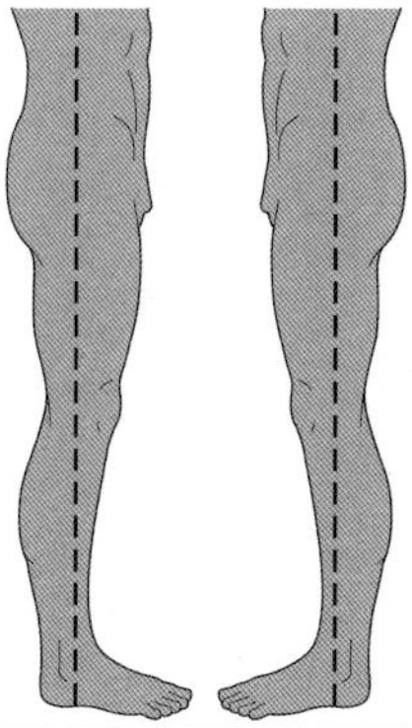	
	第八步 其他观察	
	下半身	
	第一步 骨盆 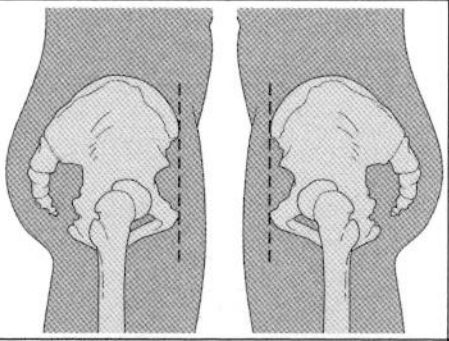	
	第二步 肌肉体积 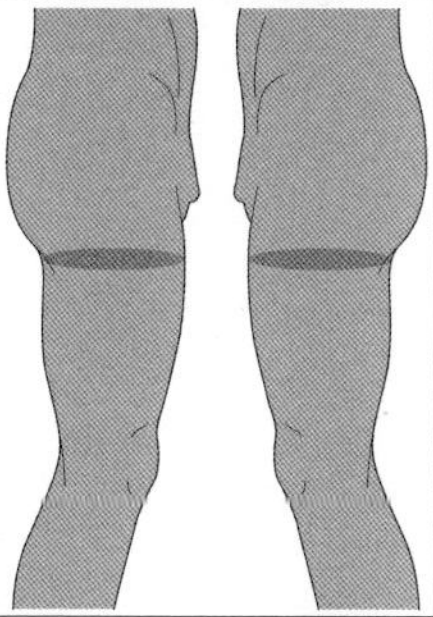	
	第三步 膝关节 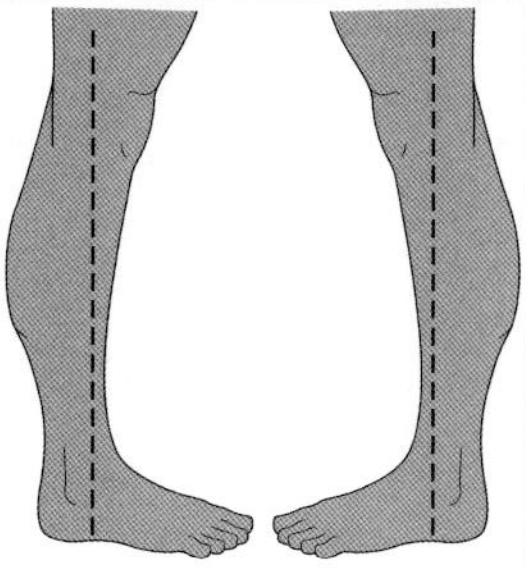	

（待续）

续表

下半身		
	第四步 踝 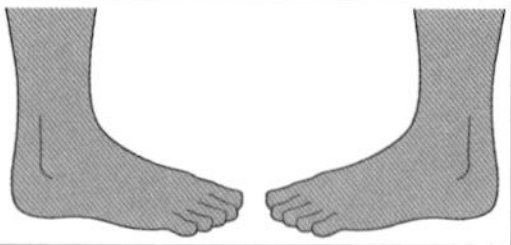	
	第五步 足 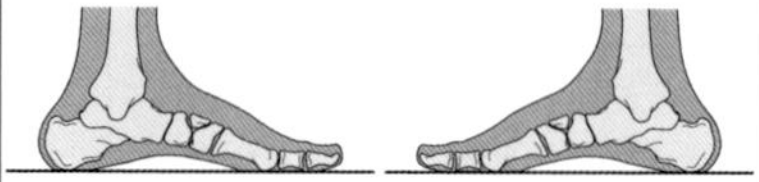	
	第六步 其他观察	

正面观体态评估表

上半身		
左侧		右侧
	第一步 面部 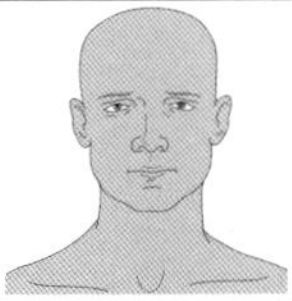	
	第二步 头的位置 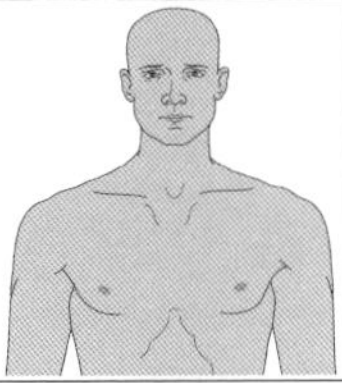	
	第三步 肌张力 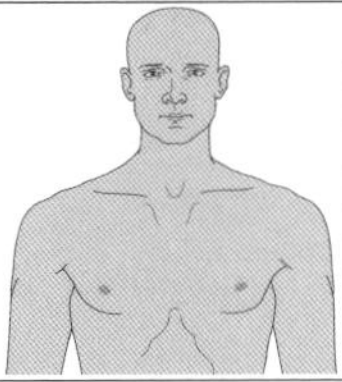	
	第四步 颈椎 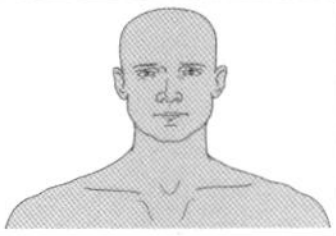	
	第五步 肩的位置 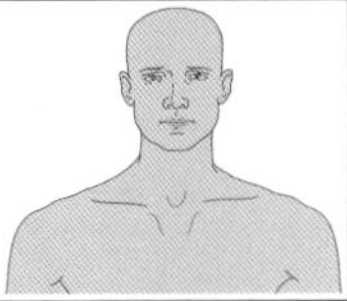	
	第六步 圆肩 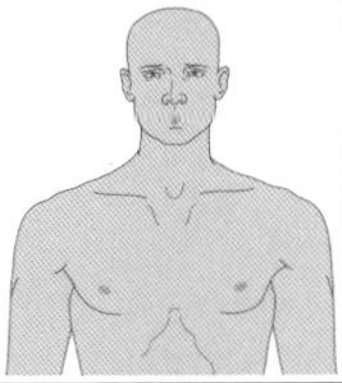	
	第七步 胸部 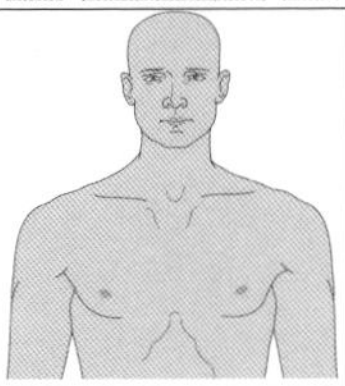	

（待续）

续表

	上半身	
左侧		右侧
	第八步 提携角 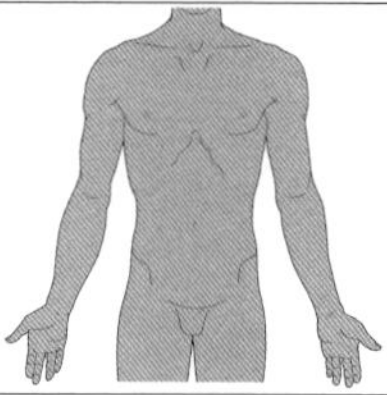	
	第九步 手臂 	
	第十步 手和手腕 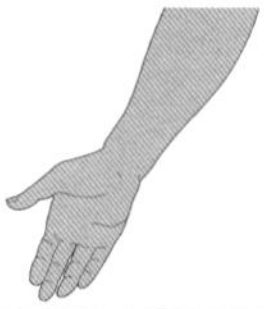	
	第十一步 腹部 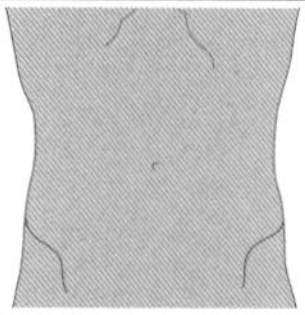	
	下半身	
	第一步 骨盆倾斜 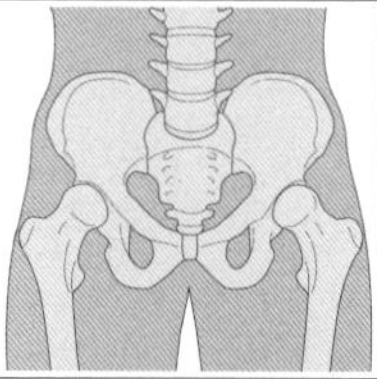	
	第二步 骨盆旋转 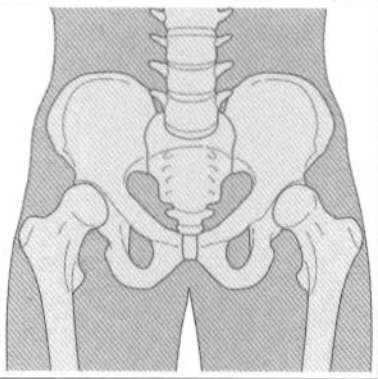	
	第三步 站姿 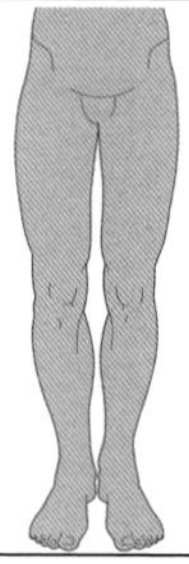	

（待续）

续表

左侧		右侧
	第四步 肌肉体积 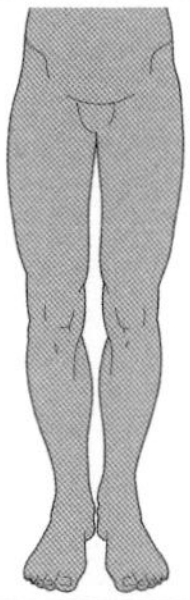	
	第五步 膝外翻和膝内翻 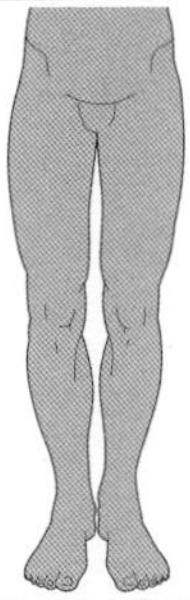	
	第六步 髌骨位置 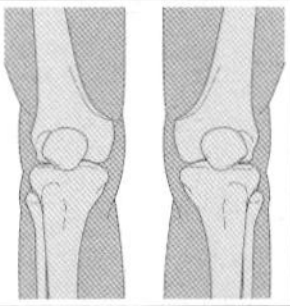	
	第七步 膝关节的旋转 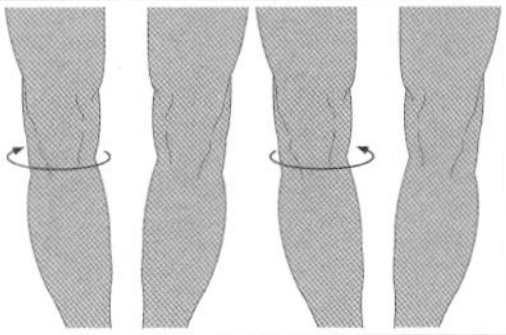	
	第八步 Q角 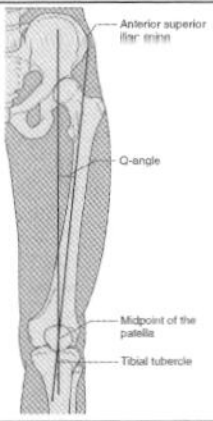	
	第九步 胫骨 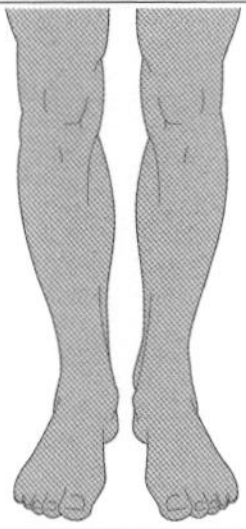	

（待续）

续表

左侧		右侧
	第十步 脚踝 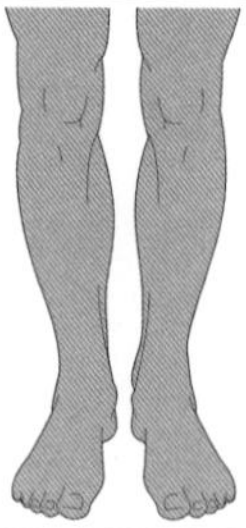	
	第十一步 脚的位置 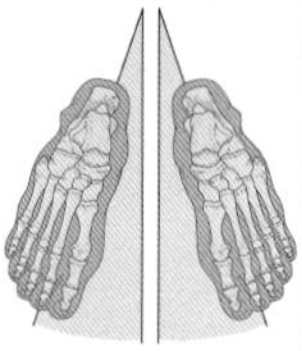	
	第十二步 扁平足和 高弓足 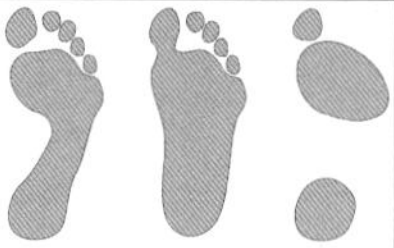	
	第十三步 其他的观察	

坐姿体态评估表

	背面观	
左侧		右侧
	第一步 头部和颈部的位置 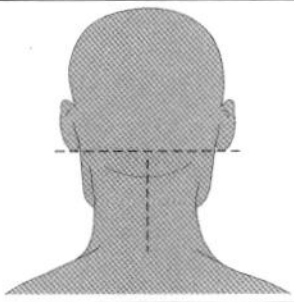	
	第二步 肩的高度 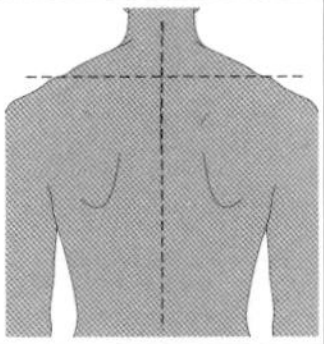	
	第三步 胸椎 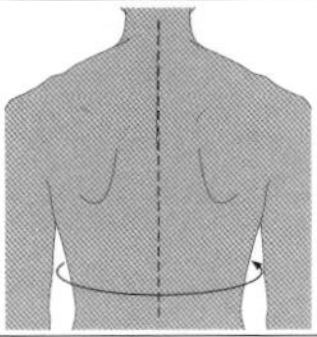	
	第四步 髋关节和大腿位置	
	第五步 脚的位置	
	侧面观	
	第一步 头部和颈部的位置 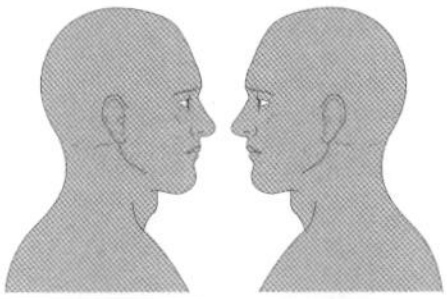	
	第二步 胸椎 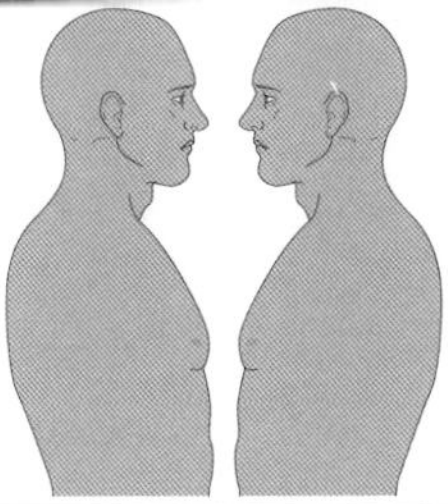	

（待续）

续表

左侧		右侧
	第三步 肩的位置 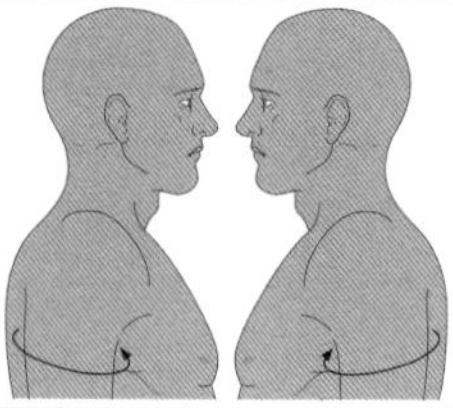	
	第四步 腰椎、骨盆和髋关节	
	第五步 膝关节	

重点问题解答

第1章

1. 影响体态的因素可以是结构性的或者解剖学意义上的，如年龄、生理学因素、病理学因素、职业、娱乐爱好、环境、社会文化、心情及情绪等因素。

2. 进行体态评估的原因是为了搜集更多信息，节省时间，建立基准线，以及方便进行更全面的治疗。

3. 以下受试者不适宜进行体态评估：情绪焦虑；因疼痛、疾病无法稳定地由站到坐或者由坐到站的受试者；不理解体态评估目或不同意进行体态评估的受试者；根据他的状态更适合于做其他的评估形式的受试者，如帕金森综合征患者或中风患者。

4. 大多数的情况下，在体态评估之前了解受试者的病史是很重要的，因为这些信息可能会帮你针对受试者的情况来判断到底进行评估是否合适且安全。

5. 当对于身体许多部位和其之间关系进行分析时，由于人体内在是互相联系的，所以从一个整体观出发是很重要的，此外患者也不愿意按“膝盖”或者“肩部”被讨论。

第2章

1. 在进行体态评估时必备的设备包括：一个温暖、私密的房间，一面全身镜，身体彩绘笔和湿纸巾，体态评估表和一个模型骨架。

2. 在开始体态评估前明确一些骨性标志是很有帮助的，其中包括肩胛骨内侧缘、肩胛下角、脊椎棘突、尺骨鹰嘴、髂后上棘、膝横纹、小腿中线和跟腱中线。

3. 表2.1中的所有问题都适合在体态评估的开始时进行。

4. 骨盆正中位的状态是：当受试者处于背面观时他的左右髂骨、髂后上棘和坐骨等高，而当侧面观时受试者的髂前上棘和肚脐处于同一个垂直平面上。

5. 体态评估可能的禁忌证包括由于疼痛、血压问题和平衡能力较差导致的站立不稳。此外还要确认一下受试者对于人体彩绘笔不会过敏。

第 3 章

1. 右侧的胸锁乳突肌、肩胛提肌、斜角肌和斜方肌上束都可以使脖子向右侧弯。

2. 肩部肌肉萎缩可能由于上肢制动或者关节囊粘连(冷冻肩)导致。

3. 翼状通常用来描述肩胛骨下角(通常还包括内缘)远离肋骨使肩胛骨倾斜,并在背面观时很突出。确诊的翼状肩包括了对于前锯肌或者胸椎神经的损伤。

4. 骨盆向左侧弯并左侧抬升说明左侧腰方肌缩短。

5. 如果一侧的髋关节内旋和(或)胫骨相对于股骨内旋,那么该侧的小腿中线会更偏外侧移。

第 4 章

1. 头前倾可能会使颈部后侧的肌肉(例如肩胛提肌)压力增加,从而导致颈肩部或上背部疼痛。

2. 当肱骨内旋时可能造成肩胛下肌、大圆肌和胸大肌缩短。

3. 长时间保持静止动作(如坐在桌子前或是长时间开车)会造成含胸驼背。

4. 当骨盆有前倾时,腰椎的前凸曲线会增加。

5. 受试者屈膝站立时腘绳肌往往较短。

第 5 章

1. 锁骨倾斜角度增加可能预示一侧的肩部抬升以及负责提肩的肌肉张力增加。

2. 男性提携角正常为 5°~10°,女性为 10°~15°。

3. 膝外翻的俗称是 X 型腿,膝内翻俗称 O 型腿。

4. 在站立时胫骨应该会有轻微的外转。

5. 内胚层型的人通常很矮壮的或是大骨棒的,外胚层型的人往往很瘦弱的或皮包骨的,中胚层型的人往往很像健壮的运动员。

第 6 章

1. 当受试者的工作台位于身体右侧,那么颈部的肌肉可能会被缩短,包括左侧胸锁乳突肌、右侧肩胛提肌和右侧斜角肌张力增加。

2. 一些人将一只手臂放在车窗上或者架在椅子扶手上会使肌肉被动缩短导致肩膀上抬。

3. 翘二郎腿会减小骨盆前倾幅度并减小腰椎前凸幅度。

4. 屈髋肌常常在坐姿状态下被缩短。

5. 假设受试者坐在普通的椅子上(不存在腿伸直或者膝盖伸展问题),后侧膝盖的软组织(包括腘肌)会保持缩短状态。

参考书目

Anderson J.E., ed. 1978. *Grant's Atlas of Anatomy.* Baltimore/London: Williams & Wilkins.

Cloward, R.B. 1959. "Cervical Diskography." *Annals of Surgery* 150: 1052-1064.

Earls, J., and T. Myers. 2010. *Fascial Release for Structural Balance.* Chichester, UK: Lotus, and Berkeley, CA: North Atlantic Books.

Green, Walter B., and James D. Heckman, eds. 1993. *The Clinical Measurement of Joint Motion.* Rosemont, IL: American Academy of Orthopaedic Surgeons.

Hanchard, N., L. Goodchild, J. Thompson, T. O'Brien, C. Richardson, D. Davison, H. Watson, M. Wragg, S. Mtopo, and M. Scott. 2011. "Evidence-Based Clinical Guidelines for the Diagnosis, Assessment and Physiotherapy Management of Contracted (Frozen) Shoulder v.1.3, 'Standard' Physiotherapy." Endorsed by the Chartered Society of Physiotherapy.

Hertling, D., and R.M. Kessler. 1996. *Management of Common Musculoskeletal Disorders.* Philadelphia: Lippincott.

Johnson, G., N. Bogduk, A. Nowitzke, and D. House. 1994. "Anatomy and Actions of the Trapezius Muscle." *Clinical Biomechanics* 9: 44-50.

Kendall, F. P., E.K. McCreary, and P.G. Provance. 1993. *Muscles Testing and Function.* Baltimore: Williams & Wilkins.

Kendall, H.O., F.P. Kendall, and D.A. Boynton. 1952. *Posture and Pain.* Baltimore: Williams & Wilkins.

Levangie, P.K., and C.C. Norkin. 2001. *Joint Structure and Function: A Comprehensive Analysis.* Philadelphia: Davis.

Magee, David J. 2002 *Orthopaedic Physical Assessment.* Philadelphia: Saunders.

Myers, T. 2001. "Psoas." *Massage and Bodywork.* February/March, April/May, June/July and August/September.

Schleip, R. 2008. *The Nature of Fascia* (DVD).